August-Wilhelm Tornow · Erfülltes Jägerleben

August-Wilhelm
Tornow

Erfülltes Jägerleben

Jagd auf vier Kontinenten

Neumann-Neudamm

CIP-Kurztitelaufnahme der Deutschen Bibliothek:

Tornow, August-Wilhelm:
Erfülltes Jägerleben: Jagd auf 4 Kontinenten/August-Wilhelm Tornow. – Melsungen: Neumann-Neudamm, 1987.
ISBN 3-7888-0532-3

Mühlenstraße 9, 3508 Melsungen
Printed in Germany
Titelgestaltung: Philipp Schneider unter Verwendung eines Dias von Hansgeorg Arndt
Reprotechnik: Repro Team, Kassel
Druck: Silber Druck, Niestetal
Buchbinderische Verarbeitung: Freitag & Co, Kassel

Inhalt

In meinem Vaterhause
spricht manches Hirschgeweih
und manches Rehbocks Krone
in uns vertrautem Tone
von Wald und Jägerei.

Vater war ein Jäger.
Sein Vater war es auch.
Und dessen Vater wieder,
ein Mann baumstark und bieder,
hielt's mit demselben Brauch.

Man kann von ihm es lesen
in einer Chronik Buch,
daß er noch neunzigjährig,
Diana stets willfährlich,
zur Pirsch die Büchse trug.

Ein Zweiundzwanzigender,
den er im Kienmoor schoß,
hängt in der großen Halle,
zu jedermanns Gefalle
im kleinen Heideschloß.

Wir tragen heut' andere Waffen,
doch rollt in uns das Blut
des aufrecht starken Mannes,
des Urahn Karl-Johannes,
und das ist mein' ich gut.

Anfänge in der Heimat

Jäger bin ich, solange ich denken kann und werde es sein, bis ich umfalle.

Über meiner Jugend schwebte der Spruch: „Ein Mensch, der nicht geschunden wird, wird nicht erzogen." Und entsprechend hart war die Jugendzeit: Jede Arbeit in Land- und Forstwirtschaft mußte verrichtet und erlernt werden. Hochdienen hieß die Parole! Lehrprinz war ein altpreußischer Forstbeamter, korrekt und unbeirrbar, hartgemacht in Süd-West beim Herero-Aufstand. Sein rauher, aber herzlicher Ton nahm der Militärzeit viel vorweg und machte sie zum Vergnügen. Der nette Ton rief Erinnerungen wach.

Mit dreizehn gab es den ersten Jagdschein. Ein Festtag. Schon Urgroßvater jagte in der wildreichen Letzlinger Heide. Als 1855 insgesamt 60 000 Morgen gegattert wurden, standen 10 000 Stück Hochwild dort. Die Kaiserjagd von 1906 brachte eine Strecke von 1 357. Rehwild gab es nicht im Gatter, dafür war es aber in unserer 5 000 Morgen großen Feldmark gut vertreten.

Geschossen wurde in den zwanziger Jahren nur mit Schrot, Posten und Flintenlaufgeschossen. Büchsläufe fand man selten. Ricken hatten Dauerschonzeit, und Böcke wurden nur vom Sechser aufwärts erlegt.

Beim Damwild hielt man sich an junge Stücke, weil sie besser schmeckten. Nur gute Schaufler, die was hermachten, nahm man mit.

Rotwild hatte Seltenheitswert. Man schoß die Hirsche zu jung, weil man glaubte, es mit Hungerleidern zu tun zu haben, aus denen nie etwas werden würde.

Es stand in Äsungskonkurrenz mit dem Damwild. Vom „Alt-werden-lassen" wußte man noch nichts und griff zu, wo man es kriegen konnte.

Sauen waren immer reichlich vorhanden. Ihretwegen mußte nach dem Ersten Weltkrieg das Gatter erneuert werden. Man kam dann nicht umhin zuzufüttern. Nach Jahren stellte sich der Erfolg ein. Es gab wieder grobe Sauen und auch bald Ärger.

Als der zweite starke Keiler fehlte, wurde man hellhörig und beim dritten fündig.

Als eines Mittags an der Schüttung ein Kleinkaliberschuß fiel, konnte der Förster zugreifen und einen Kerl stellen, der schon im Jungenalter als „Räuberhauptmann" eine Handvoll Schuljungen anführte, die durch Wald und Feld stromerten, dummes Zeug machten, Vogelnester ausnahmen, Jungwild fingen und eines Tages vor einer Spargelbude standen. An den Fensterscheiben drückten sie sich die Nasen platt. Glas klirrte. Man stieg ein, fand ein Jagdgewehr mit Munition und probierte den Ernstfall: „Jetzt wird Jagd gemacht."

Eine Karnickeldickung in der Nachbarschaft wurde Ziel und Schauplatz. Die Jungs trieben, und der Hauptmann stellte sich vor und schoß und schoß. Um das einzige Kanin, das zur Strecke lag, kam es zum Streit. Der Schütze behauptete sein Recht und ließ keine andere Meinung gelten. Obendrein forderte er die Kinder auf, über Einbruch und Jagd zu schweigen. Wer dennoch rede, würde erschossen.

„Ich werde es dennoch meinem Vater sagen", rief ein kleiner Junge. Schon knallte es, und der Junge brach im Schuß zusammen. Stille. Keiner wagte ein Wort. Dann forderte der Schütze die Kinder auf, Moos und Strauchwerk zu sammeln und das Kind zu verscharren. Danach wiederholte er seine Drohung: „Wer zu Haus ein Wort sagt, wird wie der hier totgeschossen!"

Verängstigt und still schlichen die Kinder heimwärts, und als am Abend die Eltern des vermißten Jungen Umfrage hielten, wagte keins zu sprechen.

Gegen Mitternacht jedoch schrie ein Junge im Traum „Hermann tot, Moos und Zweige..." Die Eltern nahmen ihn hoch und beruhigten ihn und erfuhren, was sie wissen wollten.

Die Suche nahm ihren Anfang. Man fand den düsteren Haufen und unter ihm das Kind. Sein Herz klopfte noch. Es kam sofort ins Krankenhaus, wurde operiert und überlebte. Im Schuß hatte es beide Arme vors Gesicht gerissen und die Schrote gestoppt.

Hasen fühlten sich in den weiten stillen Wäldern wohler als in der deckungsarmen unruhigen Feldmark. Was Wunder, daß die Treibjagd nur an die 30 Krumme erbrachte. Getrieben wurde allerdings nur die eine Hälfte, die restlichen Morgen – meist Wiesen und etwas Wald – blieben unberührt.

An eine Jagd bei Schnee erinnere ich mich. Sie fiel noch dünner aus als sonst. Beim abendlichen Jagdessen kam einer auf den Gedanken einer Mondscheinjagd.

Taghell war es draußen. Ein Mann nur brauchte mit dem Hund übers Feld gehen und die Hasen anrühren, um sie den am Waldrand postierten Schützen vor die Rohre zu bringen. So geschah es. Nur die Ältesten blieben bei Bier und Skat.

Man wußte einigermaßen, wie der Hase lief, wo sein Paß war, und postierte dort die Schützen. 20 Minuten nach den Jägern verließ der Mann mit dem Hund die Wirtschaft und mit ihm die ersten Krummen die Kohlgärten. Bald fiel fernweg ein gedämpfter Schuß. Dann blitzte es hier und da. Spitz von vorn kam jetzt einer direkt auf mich zu. Vor Funken und Qualm nichts weiter zu sehen. Auch auf dem Schnee kein dunkler Punkt. Ein zweiter ritt quer vorüber, und nach Verzug des Pulverdampfes hob sich ein dunkler Punkt vom Grund. Schon war ein dritter da. Doppelschuß, Wolke, schwarzer Streif. Überall blitzte und donnerte es, und am Ende lagen 38 Hasen auf der Strecke. Zwölf Pfund wog der schwerste.

Es wurde Frühling, es kam der Sommer und vor der Ernte eine etwas ruhigere Zeit. Sauen gingen zu Schaden, und Vater nahm mich mit zum Ansitz. Er bezog auf dem „Hohen Hügel" Posten und schickte mich weiter zur nächsten Schlagecke. Hinter einem Roggenschlag breitete sich ein weites goldgelbes Lupinenfeld aus. An seinem hinteren Ende ein Reh, ein Bock. Mir wurde trocken in Mund und Kehle, das Herz raste. Anpirschen! Vorsichtig ging es im Waldrand entlang. Drosseln schlugen, Tauber buhlten. Kein Windhauch ging. Ganz vorsichtig indianerte ich voran, äugte hier und dort durch ein Laubfenster zum Feld und kam recht langsam vorwärts. Die Frage war, ob bei diesem Schneckentempo das Licht wohl reichen würde. Ich hatte den Drilling und wollte mit der Kugel beuten. Dem Schalenwild gebührt die Kugel, hatte man mich gelehrt; der Lehrprinz stand mit ernstem Gesicht vor mir.

Das häufige Aufwerfen des Bockes gefiel mir nicht. Es zwang mich zu noch vorsichtigerer, langsamerer Gangart. Die Sonne war schon gesunken, und mein Ziel stand noch weit entfernt. Schweiß perlte, und das Herz hämmerte unterm Hemd. So konnte es nicht weitergehen. Ich riß mich zusammen, kam weiter und wollte schießen. Kimme und Korn ließen sich aber nicht mehr vereinen. Noch vierzig Schritt, dann konnte man es mit Schrot machen.

Schließlich hatte ich mein Ziel vor Augen und visierte es durch ein Blattfenster an. Schuß. Feuer und Dampf, ein roter Wisch nach links in den Wald. Ich stand am Waldessaum, verlassen und allein, mit gemischten Gefühlen.

Am anderen Morgen wartete ich am gleichen Platz auf den Tag und sein Licht. Dann begann die Nachsuche, frei verloren. Eine halbe Stunde später hatte ich ihn und hätte vor Freude mit keinem König getauscht.

Kürzer wurden die Tage. Dann kam der Winter mit Schnee. Spät erst trat das Wild aus, und über offenes Visier war nichts mehr zu machen. Onkel Fritz führte einen Zielfernrohrdrilling, ob er mir den wohl mal leihen würde? Mein Wunsch wurde erfüllt. Obendrein nannte er mir einen Platz, an dem Damwild austrat und gab zwei Stücke frei. Ein Ansitzloch befände sich in einem dort liegenden Steinhaufen, das – da mit Fichtenzweigen verdeckt – schneefrei wäre. Keine Frage, daß ich am späten Nachmittag dort saß.

Dämmerung fiel. Sterne blinkten. Erste Hasen hoppelten zu Feld. Immer dunkler wurde es. Hoch im Himmel rief der unbekannte, oft gehörte Nachtvogel mit langen Abständen sein Aak---Aak... und nochmals ganz in der Ferne Aak---Aak... Es klang wie der Ruf einer Lumme. Aber eine Lumme allein und in kalter Winternacht?

Gedämpfter Hundeblaff im Dorf. Geraschel im Eichendürrlaub. Mit jeder Viertelstunde nahm die Kälte zu. Ganz alt wird man hier nicht, dachte ich so bei mir, als drei Langschatten aus dem Walddunkel traten, langsam zu Felde zogen und an einer bestimmten Stelle zu äsen begannen.

Das starke Nachtglas wies Damwild aus. Drei Stücke Kahlwild. Die leicht flatterigen Hände brachten den Drilling in Anschlag, die Sucherei im Zielglas begann. Nach langem Hin und Her stand das Abkommen im schwächsten Stück. Blitz und Feuerstrahl nahmen alle Sicht. Eine neue Patrone glitt in den Lauf, und im Fernglas sah ich nur zwei Stücke. Schnell war die zweite Kugel raus, und dann erhaschte der Blick noch ein Stück flüchtig kurz vorm Wald.

Weiteres Abglasen half nicht. Keine dunklen Klumpen im Feld. Sachen packen. Sitzloch abdecken. Zum Anschuß, wo Tier und Kalb verendet lagen.

In Anerkennung meiner Arbeit oder ähnlichem schenkte Vater mir eine Büchse Kaliber 8 · 57 mit grobem Visier und Korn, das auch bei schwachem Licht genügte. Zielfernrohr wäre nur für alte Jäger.

Sie schoß sehr gut, und ich kam mit ihr klar. Als erstes sollte sie sich auf Sauen bewähren, die bei Peter-Walter in der „Sorge" zu Schaden gingen. Es handelte sich um einen Haferschlag, der auf drei Seiten an Wald grenzte. In ihm düsterte an äußerster Ecke eine mehrstämmige dichte Krüppelkiefer. Vor Tau und Tag hörte ich schon beim Anmarsch laute Nachtmusik. Der kürzeste Weg aus der Deckung des Hafers in die des Waldes befand sich an jener Kiefer, dem wahrscheinlichen Rückwechsel. In deren Schußnähe faßte ich Posten.

Mordsbetrieb im Korn, es tobte und tanzte, quiekte und klagte. Überall rauschte und rasselte es. Bedachtsam ging ich zu Werke, wieselte langsam voran, horchte, prüfte den Wind, ließ den Blick über das goldene Halmenmeer streifen und hoffte.

Im Polvitzer Moor prahlten Enten, riefen Reiher. Übers Kopfsteinplaster der Landstraße kollerte ein ferner Wagen. Bei aufkommender Helligkeit ward es kühler, und dann stand plötzlich ein Frischling am Wegrand, stellte sich breit und bekam die Kugel. Augenblickliche Stille die Folge. Nichts rührte sich. Wie tot lag der Hafer. Rehe schreckten in den Wiesen, auf denen Nebel tanzten und wogten.

Nach scheinbar langer Zeit leises Schlurfen. Das Haupt einer Sau erschien, sicherte und überfiel den Weg. Eine andere kam.

Dann folgte ein Frischling, der vorn zu lang und hinten zu kurz war.

Den zweiten faßte die Kugel, und dann wurde es lebendig, kamen sie angebürstet, große und kleine. Wie ein Meer rauschte das Korn. Hinten und vorn spritzten Sauen. Ein dritter Frosch ging über Kopf.

Heulen hätte man können vor Freude und Glück. Aber dann donnerte eine Stimme vom Hochsitz der Kiefer: „Verdammter Lausebengel, schießt mir die Sauen unterm Sitz tot, wo ich die ganze Nacht auf sie warte.“ Ein alter Herr, Mitpächter obendrein, aus sommernächtlichem Schlaf gerissen, war um Erfolg und Beute gebracht.

Eine Winternacht brachte uns beide an gleicher Stelle wieder zusammen. Er bezog ein Erdloch am Waldrand. Vor ihm ein häufig von Sauen besuchter Kartoffelschlag. Schnee lag, und ein halber Mond spendete genügend Licht. Mich zog es zu einer Kanzel in der Nachbarschaft.

Um neun trat das Damtier mit den fünf Stücken Rotwild aus, alte Bekannte. Sie schlugen sich die Pansen voll und zogen zu den Wiesen. Einige Hasen brachten Abwechslung. Der samtdunkle Himmel flimmerte. Unten im Moor bellten Füchse, zogen dünne Nebelstreifen. Kein Luftzug regte sich, Frost knackte. Wie ein Diamantenfeld glitzerte der Schnee, blitzte in Rot und Grün, Blau und Gelb, flackerte in allen Farben, lähmte das Auge, ermüdete und schläferte ein. Als ich wieder erwachte, standen an die zwanzig Sauen auf dem Kartoffelacker im Gebräch und hatten das Feld vor dem Erdloch des alten Herrn umgepflügt. Um elf war der Spuk vorüber, und als ich vor ihm stand und nach Anblick fragte, war absolut nichts gekommen. Beim Blick auf den dunklen Acker schwieg er.

Beim Verklingen letzter Donnerschläge und weitweg verblassender Blitze eines verregneten Sommernachmittags atmete das Land balsamischen Duft. Tropfend stand der Wald. Bei erstem Kuckucksgeläut strichen einzelne Tauben, und binnen weniger Minuten belebten rote Punkte die Gegend. Mücken tanzten, weiße Blumen von Hase und Kanin wippten am Waldrand, und man saß auf dem Hochsitz, freute sich des schönen Abends und war zufrieden. Es war ein Wetter, bei dem die Pilze aus der Erde schießen.

Im letzten Herbst hockte ich am gleichen Platz – der Sauen wegen, die hier zu Schaden gingen. Gegen neun kamen sie, hatten es aber so eilig weiterzukommen, daß kein Schuß anzubringen war. Eine halbe Stunde später kam der Mond hoch und versilberte die Flur. Frösche prahlten in blaßblauem Dunst, und in den Kartoffeln raschelten Rehe. Still und friedlich lagen Wald und Feld.

Im fernen Dorf heulten die Rüden, und dann brach es im Bestand vorn, es polterte, und hochflüchtig überfiel ein Rudel Rotwild den Schlag unter mir. Trieb da noch ein Hirsch? Schon kamen zwei graue Schemen angehechelt, hetzten durch die Kartoffeln und verloren sich im Wald. An Schießen nicht zu denken, so schnell lief das Geschehen.

Zehn Minuten später Klagen eines Stückes, Todesgeschrei. Ein Raunen ging durch die Baumkronen, der Wald schwieg. Am nächsten Morgen nahmen wir die Nachsuche auf, einer ging am Gatter entlang, der andere auf dem Parallelgestell.

Eine Viertelstunde später knallte es am Zaun. Mein Begleiter war auf zwei Hunde gestoßen, die vollgeludert bei einem angeschnittenen Rotkalb lagen. Den einen konnte er strecken, der andere aber entkam. Am Abend aber saß er im ausgelegten Eisen.

Wieder mal wurde der Wildschaden so groß, daß man nicht gegenankam. Gehandelt aber mußte werden. Drum lud ich einen Freund ein und bat um Unterstützung. Wir besetzten Hochsitze, die nicht weit voneinander entfernt lagen. Es wurde später und begann zu grauen, als es beim Nachbar bautzte.

Nach kurzer Wartezeit ging ich zu ihm. „Wieviel Sauen kamen?“ „Nur eine, und die muß da in den Kartoffeln liegen.“ Wir suchten und fanden nichts. Weil er sich seiner Sache sicher war, und sich nach dem Schuß nichts rührte, war anzunehmen, daß das Stück lag.

Also, nochmal Reihe für Reihe, Furche nach Furche. Nichts. Inzwischen war es dunkel und nichts mehr zu sehen. Plötzlich trat der Fuß auf etwas Weiches. Ich faßte nach und tastete ab. Ein Reh, ein Bock, und was für einer! Es war wohl der stärkste, der hier je geschossen wurde. „Komm mal her, hier liegt eine Ricke.“ – „Mach keinen Scherz, ich schoß auf eine geringe Sau.“ – „Mein Lieber, achte des Waidmanns erstes Gebot: Was du nicht kennst, das schieß nicht tot!“

Wir waren jung und nahmen die Sache nicht weiter tragisch, hatten auch nicht gegen das Gesetz verstoßen. Dennoch!

Es war an der Zeit, mal wieder nach dem Hafer zu sehen, der seinerzeit drei Frischlinge lieferte. Traurig sah er aus, ein Drittel des Getreides am Boden, die Rispen gestreift, geknautscht der Halm. Man mußte hierbleiben und seiner Pflicht genügen. Inmitten der Längsseite des Schlages suchte ich eine passende Kiefer, die zwar nur schenkelstark war, aber in halber Höhe einen tragfähigen Seitenast besaß. Ein unbequemer Sitz, der aber einen Überblick des ganzen Schlages gewährleistete.

Die Büchse überm Rücken umarmte ich den Stamm und klomm empor, klemmte mich auf den Zweig und hielt mich mit dem linken Arm am Stamm fest.

Über das Kopfsteinpflaster der Landstraße rollte ein letzter Ackerwagen. Kurze Zeit später eine singende Radfahrerin. Mäuse wisperten und raschelten im Getreide. Rufend strich ein Mauersegler vorüber. Dann wurde es ruhig, und eine rote Sonne sank im Blaudunst des Horizontes. Der dünne Ast kniff im Gesäß und ließ mich nicht zur Ruhe kommen. Mein Blick blieb an der alten Straße hängen, an dem Baum, an dem Freund Willi seinen Hirsch schoß, geschossen haben sollte. Und das kam so:

Wir hatten ausgemacht, daß nach Erlegen des ersten Hirsches die restlichen Schüsse aus der Büchse über dessen Grab zu feuern seien. Eines schönen Abends knallte es denn da oben fünfmal. Gespannt wie ein Flitzbogen eilte ich zur Stelle und stand bald vor einem strahlenden Jäger. Seine Augen blitzten wie die eines Oktoberfuchses in der Morgensonne. „Was liegt? Wo?“ Er drehte sich um und zog ein knuspriges junges Mädchen hinterm Baum hervor. Es war ihm fünf Schuß wert.

Da, hinter mir knackte es. Umdrehen unmöglich. Gerade daß man nach vorn sehen konnte. Man saß wie auf Nadeln. Kurze Zeit später brach ein Ast. Schlurfen, Knistern, Sau? Einzelstück, wahrscheinlich Keiler. In den Keulen kniff es. Die Kehle würgte.

Stille. Das Stück verhoffte. Wind? Hatte es das Hin- und Herrutschen auf dem Sitz vernommen? Bange Minuten. Eine Wachtel schlug. Der Ziegenmelker spann und dann knisternde Tritte direkt unter mir. Jetzt ein breiter roter Rücken, ein Hirsch. Mit dem hatte man nicht gerechnet. Welches Datum heute? Letzter Julitag oder 1. August?

Gedanken kreisten. Der Kopf summte wie ein Bienenstock, die Oberschenkel schienen abzusterben. Kein klarer Gedanke zu fassen. Der Hirsch stand jetzt im Hafer und sicherte, drehte das Haupt in alle Richtungen, rührte sich nicht, verharrte wie ein Denkmal. Man durfte sich nicht bewegen, ließ die Schenkel sterben und rechnete. Reiß dich zusammen und denke scharf nach! Vorgestern waren wir zur Geburtstagsfeier bei der alten Tante Li. Stimmt doch, oder? Ja, stimmt. Das war, wie immer, der 30. Juli. Und dann kam die Erkenntnis, wir hatten den 1. August, man konnte schießen. Das Gesäß existierte nicht mehr, war eingeschlafen, aber das Herz schlug aus dem Halse.

Unten hatte man sich gerüstet, die Lage gepeilt, warf auf und trat die Weiterreise an. Ziel dürfte der Kleeacker dahinten sein. Zeit war nun nicht mehr zu verlieren, wollte man noch zu Schuß kommen.

Schon spielte das Korn um den Fahrensmann. Allein sein Spiegel verbot den Schuß. Weiter zog er, immer weiter. Ob er wohl morgen abend wiederkommen würde, ging es mir durch den Kopf. Da verhielt er, sicherte zur Straße und bog rechts ab. Diana hilf! Bums, die Kugel war raus. Drei kurze Sätze, dann rutschte er vorn zusammen, kippte, lag.

Repetiert, eine neue Patrone im Lauf, und konzentriert bewachte ich den weiteren Verlauf. Als sich nichts mehr tat, rutschte ich vom Baum, streckte die eingeschlafenen Glieder und lahmte zur Beute.

Da lag mein erster Hirsch, ein Achter. Ein unbeschreibliches Glücksgefühl überkam mich. Vor Stolz und Freude wußte ich weder ein noch aus.

Nach dem Aufbrechen schwang ich mich aufs Fahrrad, schrie aus voller Fahrt meinem Vater, der zehn Minuten weiter ansaß, mein Glück zu und raste nach Hause, umarmte und küßte meine

Mutter und rannte den alten Wilhelm über den Haufen, weil mir sein Anspannen zu langweilig erschien. Dann holten wir ihn ein.

Tausendstimmige Nacht. Dunst und Dampf. Nebelschwaden auf blaßblauem Grund. Später mit jedem Tag kam der Morgen. Die Hirsche hatten ihre gesunden Launen und schwiegen. Zu Ende neigte sich die Brunft, und es wollte nicht passen. Janos sollte helfen, und wir gingen dorthin, wo ich die letzten Tage so oft allein pirschte. Noch deckte Dunkelheit die Wälder, rief der Uhu, schwärmten Funkenwürmer.

Beim Durchschreiten des Baches drang schon der Ruf eines Hirsches ans Ohr.

Ein schmaler Wechsel führte hangwärts, dünne Rinne nur, die der Fuß ertasten mußte. Warm und wärmer wurde uns, immer steiler der Hang. Halbrechts schrie jetzt der Hirsch. Wir pirschten parallel mit ihm.

Bei Tagesanbruch forderten Steinpilze zur Ernte. Mit vollen Hüten gings weiter. Im übernächsten Berg meldeten jetzt zwei Hirsche, deren Stimmen nicht viel sagten. Bis zur Kuppe war es nicht mehr weit. Bis nach oben zu pirschen schien bei dem Brombeergerank mit eingelagertem Dürrholz gewagt. Auch konnte der Gesuchte auf dem Kopf oder dicht hinter ihm stehen.

Ein Baumstamm lud zum Sitzen. Wie brave satte Bürger äugten wir um uns. In der Tannenkrone über uns schrien vier junge Wodansvögel sich die Hälse wund, und die Altvögel schimpften zurück und warnten vor den unter ihnen sitzenden Jägern.

Im Schäkern von Wacholderdrosseln röhrte es hinter der Kuppe. Er schien sie umrunden zu wollen oder über sie zu kommen.

Wir saßen wie auf einem Igel und spitzten die Ohren. Ein Haselhuhn purrte auf uns zu. Voll Kraft und Würze strotzte der junge Morgen. Schon warf die Sonne goldgrüne Lichtbündel auf den kupferfarbenen Waldboden, tanzten bunte Blätter vor silbrigblauem Hintergrund, als der Hirsch endlich wieder meldete.

Näher schien er gekommen. Halboffenen Mundes horchten wir in die Gegend. Fernweg jetzt wieder die beiden anderen, Schlag auf Schlag, Halbstarke, die noch nichts zu melden hatten.

Der vor uns schwieg, schien sich niedergetan zu haben; langsam wurde man nervös. Wir mußten abwarten, konnten auch sowieso nichts anderes mehr unternehmen.

Da, ein Brüller hinter uns, Hirsch mit fünf Tieren. Ein hohes Geweih ließ er bei jäher Kehrtwendung erkennen. Dann prasselte die Gesellschaft zurück. In unseren Wind hätte das Rudel nicht kommen dürfen. Die Lage war verpatzt und hoffnungslos. Dumme Gesichter, einsam und verlassen. Aber, wer einsam ist, der hat es gut, weil keiner da ist, der ihm was tut!...

Höher stieg die Sonne. Es hatte wohl keinen Sinn mehr, weiter zu hoffen. Ich stand auf, griff die Büchse und..., da schiebt der Hirsch, den Windfang am Boden, direkt auf uns zu. Ein gelbroter Rumpf in einem weitausgelegten Geweih. Als ihn eine dicke Buche deckte, ging ich in Anschlag. Er kam hinter ihr vor, immer spitz, und Janos drängte zum Schuß. Mich ließ das kalt. Eine ähnliche Lage hatte mich im Sommer um einen guten Bock gebracht. Da wendete er nach rechts, und schon ist der Schuß raus. Noch einige Schritte hält er auf uns zu, bleibt dann hinter einem Busch stehen, erhält die zweite Kugel und verschwindet nach hinten im dichten Busch.

Einer ist aufgeregter als der andere. Neugierig obendrein beide. Wollen doch mal sehen, ob die erste Kugel wirklich faßte. Keine hundert Schritt zum Anschuß. Kurz mal ansehen. Keine zehn Minuten danach standen wir da. Eine Menge Schweiß. Die Wundfährte brachte uns zu dem Busch, durch den die zweite Kugel pfiff. Wie junge Hunde hingen wir der handbreiten roten Fährte nach.

Ohne Überlegung ging's weiter. Nach kaum hundert Schritten müdeten wir ihn auf. Eine Menge Schweiß im Wundbett. Wir blieben dran. Nach kurzer Zeit saß er vor uns. Im dichten Busch keine Kugel anzubringen. Schweiß, wie aus Kannen gegossen. Hangwärts führte die Rotfährte. Unsere jugendliche Passion – wir waren beide Anfang zwanzig – trieb uns weiter. Wir glaubten, es könnte kein Blut mehr in ihm sein und er müßte jeden Augenblick liegen.

Kilometer und Stunden lagen hinter uns, und der Hirsch zog immer noch. Der Schweiß ließ nach, wurde spärlicher. Das Ende stand kurz bevor, glaubten wir. Aber es ging unaufhörlich voran.

Wir fanden nun nur noch einzelne Tropfen und hatten Mühe, sie zu entdecken. Bögen wurden geschlagen, einer ging rechts, der andere bögelte links. Schließlich saßen wir in einem von Brennessel unterstandenen Jungeichenbestand fest, fanden nichts mehr und wußten nicht weiter. Müde, hungrig und am Ende der Kraft standen wir da.

„Schluß jetzt, nachmittag muß der Hund her!“ sagte Janos. „Bis zur Kuppe noch“, entgegnete ich und ging sie an. Kaum oben, sah ich den Hirsch torkeln und wanken. Mit einem neunzigprozentigen Blutverlust hielt er sich noch auf den Läufen. Aber auch die waren erschöpft. Eine schnelle Kugel war das Ende.

Als wir vor ihm standen, fiel sofort seine Länge auf, die das normale Maß um einen halben Meter übertraf. Trotzdem wog er wie alle Hirsche hier um 210 Kilogramm bahnfertig.

Wintertags zog das Rotwild von den Hochbergen der Karpaten in die Ausläufer zu uns. Not litt es nie, weil überall Buchenknospen mit hohem Nährwert an Protein und Eiweiß zu haben sind. Auf armen Böden bringt die Akazie (Robinie) mit nährreichen Trieben und Blättern starke Trophäen.

Man vertritt hier die Meinung, daß der Hirsch jagdbar ist, wenn er in der Brunft ein Tier oder Rudel führt. Er hat dann den Sprung gemacht, ist ausgewachsen, sieben Jahre alt und führt den Stoffwechselüberschuß ins Geweih, besitzt eine respektvolle Waffe und Durchsetzungsvermögen. Besitzt er die erforderliche Kraft und den Schneid, kann er Platzhirsch werden.

Ein Bär kam selten zu uns in die „Matra“, aber er übte einen ungeahnten Reiz aus. Jeden Pfennig wollte ich für eine Jagdmöglichkeit später sparen, sie stets im Auge behalten, dranbleiben. Wo ein Wille, ist auch ein Weg!

Überhaupt Karpaten, das Wort schon brachte das Blut in Wallung. Die stärksten Hirsche kamen daher. In den Fogarascher Bergen standen die stärksten Gams der Welt. Ganz grobe Sauen zogen ihre Fährten in den urigen Bergwäldern, und in den Niederungen gab es stärkste Böcke. Gründe genug zur Begeisterung, zum Verlangen, dort zu jagen.

Schweden

In den Kronen sattgrüner Altkiefern harfte der Wind. Stille und Frieden lagerte über dem kleinen Walddorf, an dessen kleinem See wir uns zur Elchjagd trafen. Wir, das waren sechs schwedische und zwei deutsche Jäger, alle alte, erfahrene Waidmänner.

Allzufrüh wurde die am Vorabend angesetzte Weinprobe beendet, mußte man doch am Morgen früh aus den Federn.

Viel zu kurz auch war die Nacht, und das Frühstück – Pellkartoffeln und Hering nebst Bier und Schnaps – widerstrebte unseren Mägen. Im Nachbarraum jedoch lud eine übervolle Tafel mit Spezialitäten zum Zugriff, an der man sich auch für den ganzen Tag zu versorgen hatte. Noch deckte Dunkelheit das Land, als alles zu den Fahrzeugen drängte. Calle nahm mich in seinem Wagen mit. Über die Schotterstraße wischte der Scheinwerfer und tastete über Baum und Stein. Tau troff, Blattwerk bläderte. Wir schwiegen, der Alkohol am Verdampfen. Lang schien der Weg, und im Hirn zogen Elche. Endlich erschien eine Baumkrone am Himmel. Etwas später begann es zu grauen, und als die Gegend Farbe annahm, pickte ein Auerhahn am Wegrand die zur Verdauung nötigen Steinchen.

Sofort lösten sich die Zungen, und Calle wußte viel zu berichten. Große Hähne gäbe es überall und Elche jede Menge, und wo es Wild gibt, sind auch Interessenten. So fanden Landmesser vor einiger Zeit im hohen Norden Aufbrüche von drei Elchen. Weil Schonzeit herrschte, wurde die Polizei eingeschaltet, die einen als Knecht getarnten Beamten einsetzte, der monatelang holzte und schuftete, Vertrauen erwarb und schließlich den Einödbauern überführen konnte.

Da wieder Auerwild, drei Hennen und ein Hahn, die uns ohne aufzumerken vorbeiließen. Calle erzählte, daß er auf einem Inspektionsflug im hohen Norden einen starken Sprung Rehe ausgemacht hatte, der abgeschossen werden sollte, weil bei neun Monaten Schneelage wenig Überlebensaussichten bestünden.

Wenn ein Stamm, der sich über Jahre entwickelte, mehrere Winter überstand, mithin lebensstark und entwicklungsfähig sei, sollte man ihm doch weitere Existenzmöglichkeit geben, hielt ich entgegen.

Man müsse wohl noch mal darüber nachdenken, meinte er darauf, und schon näherten wir uns dem Sammelplatz, an dem bereits rege Unterhaltung lief. Nach kurzer Lagebesprechung zog Ole mit seinem Elchhund los, während die Schützen die Gegenseite des Berges umstellten. Goldgelber Oktobertag bei strahlender Sonne. Auf der Blöße eines kleinen Hügels vorn lichtgelbes Hochgras, düsterer Kiefernwald dahinter. Am Bestandesrand ein vom Bock zerfetzter Eichenjüngling. Von allen Seiten fließender Morgen. Im grünen Moos das stille Volk der Pilze, Beeren in satter Reife.

Dumpfweicher Hundelaut. Raunen in den Wipfeln. Im Gelbgras ein Haselhahn mit aufgestellter Holle, und da, wieder der Hund mit anhaltendem Laut. Ein Schuß jetzt... Ruhe danach. Wenn es bei den Schweden knallt, liegt das Stück. Der zweite Schuß wird schon bekrittelt.

Ole schoß einen guten Bock, von dem wenig Aufsehen gemacht wurde, obwohl das Gehörn es wert gewesen wäre. In voller Flucht wehten ihn die Schrote um. Ja, man schießt hier noch mit Schrot auf Rehe, weil der dichte Wald höchstens dreißig Meter Schußfeld bietet und grobes Schrot auf diese Entfernung sofort tödlich wirkt.

Weil zum Ansprechen keine Zeit, macht man auf das, was kommt, Dampf. In einem Jahr liegen mehr Böcke, im anderen wieder nur Ricken und Kitze auf der Strecke, so daß das natürliche Geschlechterverhältnis erhalten bleibt.

Im zweiten Trieb narrte ein Schneehase den Hund, setzte Haken über Haken, Widergang neben Widergang, wechselte über Berg und Tal und lieferte eine interessante Jagd bis zum erlösenden Schuß.

Das war alles für den ersten Tag, nicht viel, dennoch ein Erlebnis. Auf der Rückfahrt passierten wir eine Waldwiese, die förmlich nach Reh roch, auf der sich bei uns ganze Familien tummeln würden. Ein Ansitz müßte hier erfolgreich sein. Die Freunde dachten aber anders. Das Nahrungsangebot des Waldes sei so groß, daß kein Reh genötigt sei, ihn zu verlassen.

Mich aber reizte der Platz, und ich bat um Erlaubnis für den Abendansitz. Am späten Nachmittag lehnte ich an einen Felsklotz in einer Hochgras-Insel und bewunderte den Sonnenuntergang, sah die große Glühscheibe in düsterem Tann versinken, milchigen Dunst der Wiese entsteigen, blaßblaue Nebel weben und Erlkönigs Töchter einen Reigen beginnen.

Hintweg ein Fuchs jetzt, der sich im Fall bunten Blattwerks zum Reh entwickelte und im Glas zum Bock ward. Gehörn dreifingerquer über Lauscher hoch.

Der Amsler sang seinen Psalm, wehmütig sirrten die Mücken und stachen, bissen und piesackten wie in der Teufelsküche im großen Moor. Man erlebte noch einmal in Gedanken die Jägerheimat in ihrer Verklärung mit allen Höhen und Tiefen.

Es düsterte und drohte, und nur noch wenige Schritte trennten den Bock von der rettenden Dickung. Aber noch immer zog er spitz von hinten, ließ sich keine Kugel anbringen. Fortwährend tanzte sein Spiegel im Abkommen. Minuten werden zu Ewigkeit. Er trödelte, als wüßte er um sein Spiel. Das war, na, wann war das gewesen, ach ja, wie damals, als der große Wald brannte, die Heide tagelang unter einer dichten Rauchwolke lag, der Nebelbock, der – wie dieser hier – spitz von hinten davonzog und sein Leben rettete.

Jetzt drehte er rechts ab, zögerte einen Moment, wendet im Schuß und zieht stichgerade auf mich zu. Wieder spitz, diesmal von vorn. Schon schlagen die Zweige einer Wacholdergruppe über ihm zusammen.

Vorbei oder nicht? Das war jetzt die Frage, und Zeit gab es nicht zu verlieren. Deutliche Eingriffe am Anschuß, sonst nichts. Am Wacholder weder Haar noch Schweiß. Was nun? ... Es wäre so schön gewesen, den Unkenrufen zum Trotz mit Beute im Gasthaus aufzukreuzen, den Freunden zu zeigen, was möglich ist.

Ich krebste noch im Gewusel von Binsen und Brombeeren herum, ließ mich von Disteln stechen, stolperte über totes Holz und Steine und hatte die Nase voll. Raus aus dem Zeug und weg!

Erster Sternblink am Himmel. Über eingeschatteten Wäldern

eine Schnepfe, und dann lag plötzlich der Bock da, ein mittelprächtiger Sechser, der viel Staub aufwirbelte.

Der nächste Morgen begann mit dem Aufhängen von Lappzeug, das ein Mann auf einem scherenschleiferähnlichen Gestell trug, von dem eine lappumwickelte Felge das Material abspulte. Ihm folgte ein zweiter, der das Zeug brusthoch an Baum und Strauch hing.

Zum Auswechseln des Wildes ließ man an jedem Schützenstand eine weite Lücke, von der etwa hundert Meter entfernt der Jäger stand.

Ist der Kreis geschlossen, kann die Jagd steigen. Ein Jäger begibt sich mit dem ringelschwänzigen spitzähnlichen Elchhund in das umstellte Jagen und sucht das Wild. Ein guter Elchhund jagt nur das hohe Wild und soll sich vom Reh nicht verleiten lassen.

Tau fällt bei aufkommendem Morgenwind. Diamantenübersät die lichte Hügelblöße da vorn. Alles gleist und glitzert, funkelt, glänzt. Ich saß und schaute dem ringholenden Bussard zu, lauschte den Rufen zweier Kolkraben und horchte in mich hinein. Weitweg waren Hast und Hetze, Unruhe und Selbstzermürbung. Blauer Himmel über farbfrohem Wald.

Nach stündiger Andacht Hundegeläut, Rückruf in die Wirklichkeit. Hin und her geht die Reise. Was mag der Hund haben? Elche wären längst über alle Berge. Immer näher kommt das Geläut, und jetzt geht es schon rund um den Hügelkopf vorn. Der Hund jauchzt vor Erregung, zu sehen aber ist im Hochgras nichts. In solcher Lage darf man hier seinen Stand verlassen und nach dem Rechten sehen. Nur kurz der Hunderücken in den Binsen. Jetzt meldet er hinter dem Kopf. Ein alter Rammler scheint sein Spiel mit ihm zu treiben, mit Haken und Bögen zu zeigen, was er kann.

Da, zwei schwarze Gehöre über goldgelbem Gras. Schuß. Fuchs tot.

Drei Elche verließen schon zeitig den Trieb, überfielen die Lappstatt und suchten das Weite.

Nach Aufnahme des Lappzeugs ging's zum nächsten Treiben. In einer riesigen Kieferndickung lag ein haushoher Felsklotz, den man mir als Posten anbot. Ein schrotschußweiter schmaler Streifen war alles an Schußfeld. Durch düsteren Tann gleiste ein See ohne Schilf und Gras. Kälte ging von ihm aus. Tot und leer schien er, freudlos und traurig. Unwahrscheinlich auch, daß hier Wild kommen würde. Aber man darf nie aufhören zu hoffen, dann ist die Sache reizlos. Ich hoffte also und hörte auch bald einen aufgeregt jagenden Hund, der ein Reh über die schmale Schluppe brachte. Kaum lag der Drilling an der Wange, war es verschwunden – ein zweites folgte, das die Schrote zusammenwarfen.

Kurz darauf hörte man eine Bracke am See jagen. Wieder lag Stille über den Wäldern. Nach einiger Zeit ein Schuß. Olaus hatte einen halbverfärbten Schneehasen zur Strecke.

Beim Gang zum Sammelpunkt stießen wir auf Erik, der, wir hatten den Schuß nicht gehört, einen Bock sezierte. Mit gespreizten Läufen hing das Stück am Baum wie das Hausschwein auf der Leiter. Traurig wies das Haupt zur Erde. Man durfte es ihm nicht verargen, schließlich hatte er es als Landes-Veterinär so gelernt. Tagesstrecke: sechs Böcke, eine Ricke, ein Schneehase.

Der volle Sommer war vorüber. Goldgelbe Früchte auf den Feldern. Lange Reihen von Schwalben auf Telefondrähten. Ruch von Frühherbst.

Endlich rote Holzhäuser, das kleine Dorf. Abendessen, Müdigkeit, das Bett. Tausendstimmige Nacht mit jagenden Hunden und Elchen. Aus Tiefen der Dämmerung schmälte am frühen Morgen ein Reh. Kalt dampften die Wälder. Auf blaßkühler Wiese die Nordmänner mit leinezerrenden Hunden.

Strahlende Augen. Freundliche Gesichter. Nach Begrüßung Aufbruch zur Jagd. Ein Mordstempo legten die Langbeiner vor, ein Laufen war's, nicht Marsch zu nennen. Vor einem zehn Meter breiten Bach, den die Gesellschaft wie selbstverständlich nahm, stutzten wir beide, Wilhelm und ich. Um den Anschluß nicht zu verlieren, mußten wir auch durch. Zum Entleeren des Wassers aus den Gummistiefeln blieb keine Zeit. Ja, es bedurfte eines kleinen Trabes, wollte man die Verbindung nicht abreißen lassen. Die Stiefel suppten und quietschten bleischwer.

Nach zweistündiger Rennerei warf sich Wilhelm ins Gras, „ohne mich"... und blieb liegen.

Um scharlachrote Vogelbeerbäume schäkerten schnarrend

Wacholderdrosseln. Bocksgelächter im hallenden Berg. Stichfeiner Gesang allgegenwärtiger Mücken. Schließlich verhielt die Spitze. Ein Schütze wurde in eine Gruppe silbergesäumter Erlen gewiesen. Am Hang eines Seitentals befand sich mein Stand. Von dem, was der Einweiser sagte, verstand ich kein Wort, entnahm jedoch seinen Gebärden, ich solle hier bis in die graue Finsternis sitzenbleiben. Der Mann verschwand, und ich war nun mir selbst überlassen.

Der Stand nicht schlecht, das Schußfeld aber ließ Wünsche offen. Zwei Krähenfüße mußten gelichtet, sicht- und schußfrei gemacht werden, was geräuscharm bald vollbracht war. Moos bot sich zum Bau eines „Sessels" an, und dann saß der Jäger weich und bequem mit griffbereiter Büchse und lauschte dem Gesang der Gelsen, der sich zu einem Chor stechwütiger Plagegeister entwikkelte. Wenn diese grauen Husaren in Kompaniestärke angreifen, hört die Gemütlichkeit auf, wird Verteidigung erforderlich, sprich, ein Feuer fällig. Aufgelegtes Gras und grünes Blattwerk sorgten für den abweisenden Rauch.

Gegen zehn fiel in der Ferne ein Schuß. Ein kleiner Häher landete auf der Stiefelspitze, äugte dreist in meine Augen, stammelte Worte der Begrüßung, um sich gleich danach über die Brote auf dem Rucksack herzumachen. Papierfetzen flogen, und er lachte, als er an die Auflage kam und flog Stück für Stück in die grüne Reserve.

Und nun Hundegeläut nach längerer feierlicher Stille. Die Jagd schien sich zu nähern, verklang aber bald wieder. Mein kleiner Freund hatte jetzt Mühe, ein Bratenstück zwischen zwei Brotscheiben herauszuzerren. Fest stemmte er seine kleinen Ständer in das Päckchen, zerrte und landete rücklings neben dem Rucksack. Wütend beschimpfte er den belachten Hinfall, verhielt kurz und setzte sein Werk fort.

Jetzt wieder der Hund, und vor ihm Alttier mit Kalb und Schmalstück. Ein viertes folgte. Im eleganten Trab kamen sie den Hügel herab, streng diszipliniert und sicher geführt, halbschräg rechts vorbei. Unten bei den Felsen mußten sie in den Bereich meiner Büchse kommen, aber das Alttier wußte sein Rudel rechtzeitig in Sicherheit zu bringen und bog vom Wechsel ab.

Mücken sangen, Rauch kräuselte, langsam vertropfte die Zeit. Drohte ich einzunicken, weckte mich mein kleiner Freund und bettelte um Hergabe eines anderen Futterpaketes, schimpfte und... da, der Hund, ganz deutlich, hau-hau, er kam. Bald aber klang sein Hals wieder entfernter, um schließlich ganz zu verschweigen... Stille... Ein Schuß, nicht allzuweit weg. Kurz darauf drei weitere, die „Elch tot" besagten. Enttäuscht sank ich ins weiche Moos zurück.

Wie war doch das im Vorjahr gewesen, da fielen auch drei Schuß, und angeblich war nichts zur Strecke.

Nach dem Trieb fehlten zwei Schützen. Erst später sickerte der Grund durch: Weißer Elch, ein Ren, Scheiterhaufen. Totale Verbrennung. Jedes Ren, auch das verwilderte, gehört den Lappen, und sein Abschuß wird teuer.

Verbellte da ein Hund? Oder war es nur ein Raunen der Baumkronen? Binnen vier Tagen wird hier die Masse der Elche geschossen. Sämtliche Schlachthöfe ruhen, nichts wird geschlachtet. Fast nur Elche transportiert die Bahn. Für die Volksernährung spielt das Wildbret eine große Rolle, weil man Haustiere kaum halten kann. Zu kurz ist die Vegetationszeit, um Kartoffeln, Korn und andere Futtermittel zu erzeugen. Kaufen kann man sie auch nicht, weil die Transportkosten zu hoch sind.

Hau-au-au-, der Hund. Äste brechen. Eine dürre Birke prasselt zusammen. Es bricht und kommt näher. Rumpeln, der Hund jauchzt, eine dunkle Masse von Tier stürmt heran, erscheint auf der gelichteten Schneise, auf der zweiten, und jedesmal sprach die Büchse. Stille. Der Hund setzte sich ab, lief zurück. Der Kopf summte wie ein Bienenstock. Die Hände flogen... Was tun?... Zum Anschuß laufen?... Abwarten?... Ich tat das einzig Richtige, blieb sitzen und ordnete die Gedanken. In der Nachbarschaft fiel jetzt ein Schuß, kurz darauf drei weitere. Das dürfte meinem Elch gegolten haben. Ganz klar, zeitlich paßte es genau.

Langsam legte sich die Aufregung. Sollte man sich nun ärgern oder in Stille die Pille verdauen? Nur nicht ärgern, das schadet der Seele, vergiftet den Organismus, ist doch alles schon mal dagewesen. Solch Zuspruch beruhigt den Augenblick, hält aber nicht lange vor.

Stunden vergingen. Zwischen abendlichem Hüttenrauch und erstem Fluggezack der Fledermaus wollten wir im Dorf sein.

Blätter fielen, und endlich raschelten hinter mir Schritte im Laub. Zwei Jäger wollten mich abholen.

Wir gingen zum Anschuß auf erster Schneise. Tiefe Eingriffe, kein Schweiß, kein Haar. Das gleiche Bild auf der anderen. „Zwei Meisterschüsse auf achtzig Meter." Man flachste, stichelte und lachte.

Ich lachte mit und war doch arg gekränkt, kam mir blamiert vor ob meiner Schüsse. Wer den Schaden hat... Da war nichts zu machen. Gut, daß die Zeit drängte und wir fortmußten. Dann zog mich einer der beiden ins Gebüsch, und da lag mein Elch, beide Kugeln dicht hinter dem Blatt.

Norwegen

„Der Mensch lebt leider und vergeht, ohne daß er's recht versteht". Solveighs Lied weht im Winde um den 2 300 Meter hohen Sneehetta, um den sich das weite Revier dehnt, das mir der Jagdherr zur Verfügung stellte. Berge und Hügel das Dovrefjell. Jenseits des Flusses kann man jagen, so weit das Auge reicht und so weit die Füße tragen.

In aller Frühe des nächsten Morgens überschritt ich die kleine Brücke und suchte einen Weg, der in die Berge führen sollte. Außer Geröll und Buschwerk gab die Taschenlampe nichts frei.

Bald aber klapperten Steine, polterte Getier davon. Schafe zogen hangwärts und wiesen einen schmalen Pfad, der sich durch Beerkraut aufwärts schlängelte. Eis klimperte auf kleinen Pfützen und glitzerte im Lichtkegel. Vom dunklen Himmel grüßte ein Heer blinkender Sterne.

Langsam verdämmerte die Nacht in Frost und Rotrauch. Lichtes Grau verkündete den jungen Morgen. Weckruf des Schneehahnes. Leichtes Erröten eines Bergkopfes. Bald glühte der Sneehetta. Immer mehr Berghäupter hoben sich aus bleiverzuckerten Felspartien, und bald brannte das tageweit sturmoffene baumleere Land. Im Aufwind segelten zwei große Raben, sich laut unterhaltend, in beschaulicher Wachsamkeit dahin.

Im Windschutz einer Felspartie ließ ich mich nieder. Man konnte weit hinein ins Land sehen, ganze Bergketten überblicken, sich an der Schönheit erfreuen.

Bei aufsteigender Sonne riefen überall Schneehühner. Leis' harfte der Wind, Schneeköpfe gleisten, und dunkel gähnten die Schluchten. Es würde ein schöner Tag werden.

Im Abglasen der Täler und Höhen blieb der Blick an einer grauen Wolke hängen, die sich fernab zu Tal bewegte, ganz langsam bergab schob.

Wie Schäfchenwolken, leicht und licht, bewegte sich das Gebilde. Spiel der Lichter und Schatten. Schneegewölk oder

Nebel? Lange Strähnen ergossen sich jetzt zu Tal, um sich danach in einzelne Punkte aufzulösen. Lange Perlenschnüre zierten silbergrauen Grund, schimmerten matt-perlmutt… Rentiere, hunderte, aberhunderte, tausend. Sie zogen zu einem See, dessen Ausmaß nicht ganz zu übersehen war, der aber nicht klein zu sein schien, und den man immer wiederfinden müßte.

Weil es der erste Jagdtag war, beschloß ich, nur zu beobachten und nichts zu unternehmen. Nur umschauen wollte ich mich und das Gelände erkunden.

Wie so oft, verging ein Tag nach dem anderen, ohne auch nur eine Kreatur zu sehen. Am fünften Tag endlich ein weißer Hase und eine Kette Schneehühner. Am sechsten und siebenten wieder nichts. Am achten klimperte ich wieder in flackriger Dämmerfrühe über Eispfützen bergwärts. Steinhühner kerrten, und unter Gongen zweier Wotansvögel erreichte ich ein Felsmassiv, das sich zum Ansitz anbot.

Der Morgen kam und mit ihm die Sonne. Aus nachtschwarzen Falten stieg grauer Dunst. Blendend weiß die Schneeköpfe. An einem Hang Rentiere mit silbrigweiß-flatternden Mähnen im Frühwind. Aufkommender Sturm und Kälte brachten mich auf die Läufe. Es ging über Berge und Täler, Hügel und Sümpfe, und gegen Mittag fiel ich müde ins Beerkraut und schlief sofort.

Eine Stunde später war ich wieder da und glaste die Gegend ab. Weitweg leuchtete Wasser. Kolkraben honkten. Stark verbissen die Rentierflechte, bis auf den Grund abgeäst. Kaum einen Millimeter wächst sie im Jahr. Das kann den Renen zum Verhängnis werden, wird dem Bestand durch Abschuß nicht entnommen, was erforderlich ist. Zweitausend Stück trägt der Biotop, und zwanzigtausend soll es geben. Wohin das führen muß, ist klar. Zwar verlangt die Jägerschaft einen rigorosen Abschuß, sie kann sich aber nicht durchsetzen.

Und dann zogen da Rene, und hinter ihnen schoben andere. Beine in die Hand und ran! Ein Talgraben bot Deckung. Unter Ausnutzung von Gelände und umherliegender Steine kam man gut voran. Bald erhob sich ein Grad, ein Kamm, in dessen Dekkung ich ein weites Stück laufen konnte. Als dann erste Geweihspitzen hinter ihm auftauchten, ging es kriechend auf tiefausgetretenen Renwechseln weiter. Knie und Bauch wühlten in Morast und Brühe.

Erste Häupter wankten über den Grat. Geweihe drängten und schoben. Frei stand der erste Hirsch auf der Kuppe und sicherte. Andere folgten. Ich lag in dichtem Heidekraut. Immer mehr Wild näherte sich. Hunderte hatte ich schon gezählt, aber noch immer quoll es über den Grat. Deutlich knackten die Fußgelenke, hörte man das rupfende Äsen und das Mahlen der Kiefer. Einige waren nun greifbar nahe. Obwohl sie in vollem Wind standen, nahmen sie keine Notiz von dem Raubtier im Heidekraut.

Ein Hirsch fiel durch sein sechzehnendiges Geweih auf. Er dürfte der beste gewesen sein, obwohl sein Geweih nur armlang war.

Lustig sah es aus, wenn ein Kalb mit Spießen an seiner geweihten Mutter säugte. Die spannlangen Silbermähnen flatterten im Wind über mir, Fußgelenke knicksten, Atem ging. Mütter mahnten, Kälber riefen. Es war so beeindruckend, daß ich gar nicht an Schießen dachte. Erst als das über tausend Stück starke Heer vorbeigezogen war, fragte ich mich, warum ich eigentlich hier sei, und folgte.

Sie gingen auseinander. Ein Teil bog rechts ab in die Berge. Unschlüssig zogen die anderen herum, um sich nach und nach niederzutun. Weit auseinandergezogen sicherten die Posten.

Da saß man nun und überlegte, wie ranzukommen sei. Der schönste Teil der Jagd stand bevor, das Anpirschen. Eine Geländefalte nahm mich auf. Gebückt ging es voran. Langsam kleiner werdend, landete man schließlich robbend auf dem Bauch. Schmal nur gab sich der Wechsel und schlammig. Schmutziger konnte man sowieso nicht mehr werden, also schlängelte sich der Aal langsam vorwärts.

Wo es Steine oder Zwergbirken zuließen, wurde knieend beobachtet. Da ein Posten. Dort ein anderer. Drüben weitere. Keine hastigen Bewegungen!

Weiter bis zu jenem Stein. Auf die Büchse achten, daß kein Schlamm in den Lauf kommt! Schön ruhig robben. Der Zwillingsfels dort letzte Deckung. Halt. Langsam das Glas an die Augen.

Nur Kroppzeug, auch der Zwölferhirsch dort unten. Geweihe, wie sie im Hotel hingen, nicht eines dabei. Qualität geht auf Kosten von Quantität.

Zur Zeit eines Populationshöhepunktes kann man kein gutes Geweih erwarten. Da hilft alles Suchen nicht.

Ein Posten schien Unrat zu wittern. Angestrengt sicherte er in meine Richtung. Ein Stück nach dem anderen kam auf die Läufe. Ein Vierzehnender schien mir der beste. Zwar stand er weit weg,

Norwegisches Ren am Fuße des Snøhetta.

aber bei guter Auflage mußte es sich machen lassen. Kaum hatte die Büchse gesprochen, als schon alles auf den Läufen stand und auf mich losstürmte. Hätte mich nicht der Stein gedeckt, wäre die Schwadron über mich hinweggeritten.

Leer wie in den Vortagen lag das Land wieder vor mir. Allein auf weiter Flur. Allgemeine Marschrichtung: ein lichter Fleck im Gefels.

Nach dreihundertfünfundsechzig Schritten lag der Hirsch vor mir. Hier stimmte etwas nicht. So weit stand das Stück nicht. Auch würde das Geschoß bei dieser Entfernung einen Meter fallen. Zurück zum Punkt der Schußabgabe. Und nun stur auf den hellen Fleck los, eine Handbreit rechts davon. Hundertachtzig Schritt. Hier müßte es gewesen sein, am Distelbusch dort.

Eine Stange ragte aus dem Beerkraut. Ich hatte ihn. Hatte ich nun den Abschuß erfüllt? War die Jagd damit zu Ende? Leichte Trauer kam auf.

Beim Aufbrechen gingen die Gedanken hin und her. Danach ging ich nochmal zum ersten Hirsch und sah erst dann, daß er bereits ein gelbes Band trug und daß er sogar schon aufgebrochen war.

Als ich am Abend den Jägern im Hotel meinen Anblick schilderte, wollten sie auch dorthin. Dr. H. wollte uns mit seinem Wagen soweit wie möglich fahren. Seine Frau und ein Professor wollten mit.

Pünktlich zur vereinbarten Zeit hielten wir bei der Wohnung des alten Herrn. Wir hupten mehrmals. Er kam nicht. Wir riefen und klingelten. Schließlich trabte er in Hausschuhen an.

Wir zogen ihn ins Auto, verpaßten ihm Gummistiefel und fuhren ab. Im Berg oben stellte er dann fest, daß er falsche Patronen gegriffen hatte. Auch da konnten wir aushelfen. Aus dem Lachen kamen wir nicht heraus.

Mit hundert Schritt Zwischenraum zitterten wir über Hügel auf einen See zu. Am rechten Flügel bullerte in übergroßen Stiefeln der Professor, links von mir die beiden Rheinländer.

Über Kuppen und Eisfelder, Mulden und Schneelöcher führte die Pirsch. Überall lag Renhaar auf dem Schnee, und eine Moschusochsen-Fährte führte zu Tal.

In der Ferne näherten sich zwei Menschen einem Felsmassiv, das den Horizont mit steilen Wänden beschloß. Im gleichen Augenblick tauchte vor dem Professor ein Renrudel auf, das er nicht wahrnahm. Er polterte stur darauf los. Um ihn aufmerksam zu machen, lief ich zu ihm. Er ließ sich aber nichts sagen und glaubte mir nicht. Ihm war nicht zu helfen, er walkte weiter und vergrämte das Wild.

Wieder auf dem alten Platz, bewegte sich vor den zwei Männern hinten ein anderes Renrudel. Nach hinten konnte es nicht weg. Von rechts kamen die Männer. Blieb die linke Seite offen. Um ihnen den Auswechsel zu verlegen, wieselte ich los, gab beiden Nachbarn Zeichen.

Ein zehn Meter breiter Fluß stoppte die Reise. Rundköpfige vereiste Steine blitzten in der Sonne. Das Wasser schäumte und raste. Um aber zum Ziel zu kommen, mußte man aufs andere Ufer. Das Wagnis gelang. Fragen Sie nicht, wie.

Felsbrocken boten Deckung gegen Sicht, und es dauerte nicht lange, da wurde das Wild unruhig und zog auf mich zu. Die beiden Fremden machten ihre Sache ungewollt gut.

Erste Stücke maßen die Wassertiefe. Die Spitze durchrann den Fluß. Die Masse folgte. Einige Kälber aber scheuten das Wasser und trabten am Ufer hin und her, bis ihre Mütter zurückkamen und sie ins Wasser stießen.

Kaum waren alle durch, da knallte es dreimal beim Doktor. Zwei Stücke lagen.

Zu gleicher Zeit hörte ich schwache Hilferufe am Fluß und stürmte in die Richtung, sah in Schaum und Gischt eine große Schildkröte rudern und schlingern, aber nicht vom Fleck kommen... Der Professor, ein hoffnungsloser Fall.

Seine Brille, ohne die er nichts sah, hatte er verloren. Ohne Orientierung kroch er von Stein zu Stein und blieb immer mitten im Wasser. Dabei schrie er herzzerreißend. Schnell zog ich ihn an Land und rief das Ehepaar. Die Gummistiefel hatte ich schon entwässert. Oberkleidung runter und schnell zum Auto. Trockene Mäntel über und ab. Das Lachen war uns vergangen trotz aller Komik. Wieder folgten Tage ohne Wild, leer blieb das Land. Nichts regte sich. Der letzte Tag brach an.

Ein Revierteil lag noch unerforscht, dem sollte es gelten. Bei hellem Sonnenschein schwirrten scharfe Eiskristalle durch die Luft und zerschnitten wie mit Messern Gesicht und Hände. Ein mutterloses Renkalb irrte zwischen Zwergbirken herum und klagte seine Not.

Aus einer Steinbank sauste ein Schneehase. Kolkraben riefen. Wie rasiert, so kurz die Rentierflechte.

In normaler Zeit brachte der Hirsch 300 Pfund auf die Waage und ein Geweih mit anderthalb Meter langen Stangen. Heute schafft er nur noch 120 Pfund und 60 Zentimeter lange Stangen.

Dieses zehnjährige Auf und Ab scheint auch beim Niederwild Gültigkeit zu haben. Wie sonst sind die schlechten Niederwildjahre zu erklären, wenn trotz Gift und moderner Landwirtschaft wieder bessere folgen?

Oben im Berg jetzt Rene, vier Stück unter ziehendem Gewölk. Nichts besonderes dabei. Dennoch, letzter Tag und noch ein Stück frei. Auf denn!

Von der hinteren Bergseite muß angegangen werden, des Windes wegen. Gepäck bleibt zurück, beschwerlich der Weg, steil der Berg. Hemdsärmel hoch. Büchse und Fernglas umgehängt, ab. Windruhe herrscht hinter dem Berg. Steinhühner schnarren. Für guten Sport sorgen Schneegräben und Rankgewächse, Steine aller Größen und rutschiger Boden. Schon in halber Höhe meldet sich der Wind. Hätte man doch die Windjacke. Hätte man!

Steine und Felsbrocken, wohin man auch sieht. Heftiger Wind. Die Kuppe. Sturm.

Unten am See ein kranker Hirsch, laufkrank. Enten über ihm. Eine Silberplatte das leicht kräuselnde Wasser. Immer, wenn man glaubt, auf dem Kopf zu sein, erhebt sich ein anderer. Welch ein Unsinn, sich so zu schinden. Umkehren sollte man, Ren Ren sein lassen.

An jenem Fels da vorn wird eine Verschnaufpause eingelegt und überlegt, ob es weitergehen soll oder nicht. Fast warm fühlt man sich im Windschatten. Nichts als Steine rundum, kein Strauch, kein Grashalm. Am blauen Himmel strahlt der weiße Hut des Sneehetta, und dann prasseln Eisgraupeln vom klaren Firmament. Als das Getöse verklungen, beginnt es zu schneien.

Da steht man nun in Hemdsärmeln und überdenkt seinen Leichtsinn, friert und zittert. Aber so plötzlich das Gestöber kam, geht es auch. Die Sonne lacht, der Himmel blaut. In flotter Gangart nähere ich mich dem Kamm und glase das Vorgelände ab. Beim dritten Halt ist Vorsicht geboten. Weit kann das Wild nicht mehr sein. An einen mannshohen Brocken gelehnt, wird das Gelände sondiert. Steine, nichts als Steine. Bewegte sich dort ein Zweig? Ein Zweig? Hier oben? Im Glas erweist es sich als Stange eines ruhenden Hirsches. Und daneben noch eines, zwei, drei weitere. Alle schwach. Zum Sortieren gibt es nichts. Ein Stück ist schwächer als das andere. Den Wedel gegen den Wind, stehen sie spitz von vorn. Im Hemd bläst der Wind. Empfindlich kalt wird es, und die Gesellschaft rührt sich nicht. Der Schuß auf den Stich scheint mir bei dem Sturm zu unsicher. Endlich tritt eins hinter dem Felsen hervor, ein Ren, das ich bisher nicht sah. Die Büchse geht an die Wange, und beim Berühren des Abzugs ist lediglich ein Klick zu hören. Versager ... Schnell repetiert. Der Sturm heult so laut, daß das Wild nichts hört. Als dann die Kugel draußen ist, sehe ich nur kurz wippende Spiegel.

Unweit vom Anschuß liegt es verendet. Trotz Vorschaufel wieder ein Tier, ein uraltes mit völlig abgeschliffenem Gebiß.

Um einer Einladung auf Schneehühner folgen zu können, hing ich noch einen Tag an. Der Bruder des Beständers hatte darum gebeten, und gern sagte ich zu. Zwei bildschöne, lebhafte Setter leisteten gute Arbeit, suchten gut, standen bestens vor und apportierten hervorragend. Prasselnd erhoben sich die Hühner und donnerten in rasanter Fahrt davon. Sehr schnell mußte man schießen. Fix waren sie außer Reichweite. Fast doppelt so schwer wie Rebhühner sind sie. Am Abend lagen zwölf prallbrüstige Schneehühner auf der Strecke.

Kringelschatten von Elch- und Hirschgeweihen tanzten an Decke und Wänden des Kaminzimmers. Flammen spielten im Goldhaar der Hunde. Roter und goldener Wein perlte in den Gläsern und löste die Zungen.

In neuem Licht erstand der Tag noch einmal mit seinen schönen Stunden, mit weißen Hühnern und roten Hunden. In all der Weinseligkeit hätte ich bald den Nachtzug verpaßt, der mich in die Heimat bringen sollte. Erst auf dem Bahnhof stellten wir fest, daß die Büchse fehlte. Der Gastgeber hielt den Zug solange fest, bis wir aus dem Hotel zurück waren, wo wir feststellten, daß die Büchse doch im Auto lag.

Der Zugführer schleppte mich in ein Abteil, und in Oslo weckte er mich wieder.

Polen

Hauptmann Seldte, Chef der Nachbarkompanie, bat durch einen Melder um meinen Besuch. Wir kannten uns aus besseren Zeiten, und weil ich ahnte, worum es ging, nahm ich die Büchse mit. Um die Mittagszeit sah ein Soldat hinter der Hauptkampflinie einen Bock, an dessen Leber der Chef Interesse bekundete.

Nach Besichtigung des Vorgeländes stand der Plan fest. Ein kurzer Feuerschlag auf den Waldrand sollte einen etwaigen Gegner niederhalten und uns den Sprung nach vorn ermöglichen. Ein jagdpassionierter Soldat wollte mich begleiten.

Vor Sonnenuntergang war es soweit. Der Waldrand staubte, und wir hetzten ihm entgegen. Vorn verlassene Schützenlöcher, leere Patronenhülsen. Rauch und Staub sanken in sich zusammen. Nach kurzer Lagepeilung indianerten wir los, tasteten voran, sicherten rundum. Bald leuchtete es weiß durch die Randbäume – das Buchweizenfeld, in dem der Bock stehen sollte.

In dichtem Gebüsch kurze Einweisung des Begleiters. Etwa 200 Meter weiter bot mir eine bis zum Boden beastete Eiche Platz und Sitz. In ihrer Krone hatte man eine gute Übersicht und Schußfeld.

Vögel sangen, Tauben buhlten. Über weißem Blütenmeer gaukelten Schmetterlinge, summten Bienen. Ein Bild des Friedens. Unter Blattgewispel verrann die Zeit. Als die Sonne verglühte, zeterte eine Drossel, eine zweite fiel ein. Anwechselndes Wild? Laub raschelte am Waldboden. Nahende Schritte. Geknister, Brechen von Dürrholz, menschliche Stimmen.

Die Kehle begann auszutrocknen, das Herz zu hämmern. Unten jetzt ein Schatten, noch einer, drei, vier, alles Frauen. Sie verhielten und tuschelten, wußten nicht wohin, setzten sich, packten ihre Taschen aus und begannen zu essen. Es dauerte und dauerte, und dann standen plötzlich Soldaten bei ihnen, acht Mann hoch. Herrgott! Was jetzt? Gewehrmündungen wie zum Erschießen auf mich gerichtet. Im Geiste sah ich mich wie einen

Auerhahn durchs Astwerk zu Boden prasseln und hart aufschlagen. Geronnen schien alles Blut, nur noch leeres Summen im Hirn.

Schweiß drang aus allen Poren, heiß und kalt lief es über den Rücken, kein klarer Gedanke mehr faßbar. Das Gerede unter mir nahm und nahm kein Ende. Wollten sie Wurzeln schlagen? Nie mehr weiterziehen?

Der größte Kummer, die längste Qual sind nicht von Dauer, sie enden einmal, ging es mir durch den Sinn, als sich eine Frau erhob und einpackte. Langsam taten die anderen es ihr nach, schulterten ihr Gepäck und zogen los. Die Soldaten folgten, und eine Zentnerlast fiel von mir.

Sollte man sitzenbleiben, oder langte diese Überraschung? Es roch nach Waldboden, nach moderndem Laub und nach Grab. Über hintergründig blaublaßer Forstwand war das Tagesgestirn gesunken. Es kühlte ab, und dann flammte es rot auf inmitten weißer Blüten: ein Reh, ein Bock, der Bock. Ohne zu denken oder zu bedenken ging die Büchse an die Schulter. Blitz und Donnerschlag. Schnell glitt ich vom Baum und rannte zur Beute, bei der mein Begleiter gleichzeitig eintraf. Den Bock greifen und zurück in den Wald war Augenblicksache. Aufbrechen und ab. Auf halbem Rückweg bei schwindendem Licht ein Reh auf einer Lichtung. Graurot schummerte die Decke, und es dunkelte zwischen den Lauschern. Sekunden später war er unser, und ohne Feindberührung gelangten wir zur Kompanie, wo ein strahlender Hauptmann seine Leber in Empfang nahm.

Tage später ein Spähtrupp-Auftrag jenseits der Kampflinie, der nur mit schneidigen Freiwilligen zu machen war. Schnell waren sie zur Stelle, zwei Unteroffiziere und Lt. v. Thompson, ein alter Freund, der um Mitnahme bat sowie ein Maschinengewehrschütze und mein Fahrer.

Kurz nach Mitternacht überrollten wir die Hauptkampflinie, gliederten uns bei mit Notlicht fahrenden polnischen Verbänden ein und scherten zu gegebener Zeit in einer Kieferndickung aus, um den Morgen zu erwarten. Vor Tagesanbruch begann der Marsch zu einer Wegespinne, über die ein reger Verkehr lief, dessen Truppenteile uns interessierten. Aus dem Wipfel einer

Fichtenaltmutter hatte man guten Überblick, konnte gut beobachten und Aufzeichnungen machen. Nach Lösung des Auftrags ging es zurück. Beim Fahrzeug fand sich alles in Ordnung, und wir gedachten, den versäumten Schlaf nachzuholen, um gestärkt die kommende Nacht zu nutzen.

Um wirklich Ruhe zu finden, begab ich mich mit T. auf Suche nach einem geeigneten Platz, der sich am Rande einer kleinen Waldwiese fand. Während meines Schlafes hielt T. Wache. Nach einstündiger Ruhe legte sich eine Hand auf meinen Mund, die andere rüttelte den Körper „Ganz still! Drüben am Waldrand feindliche Reiter." Ja, da waren sie, mit Überraschungen hatte man zu rechnen.

Die Polen nahmen die Sättel von den Pferden und warfen sich ins Gras, wahrscheinlich ebenso müde wie ich. Nach kurzer Wendung hatte mich der Schlaf wieder. Eine halbe Stunde später wieder Wachgerüttel. „Da brüllt eine Kuh." Und jetzt, halbwach, wieder. Armer Großstädter, das ist ein Hirsch! „Schnell meine Langschläfter runter, unter den Arm klemmen und in Sichtverbindung folgen!"

Wieder meldete der Hirsch. Erlenbruch, Sumpfgelände, Schilf. Im Kiefernaltholz vorn dürfte er stehen. Durch die hohle Hand ertönte mein Ruf. Antwort erfolgte sofort. Wir kamen „ins Gespräch". Plötzlich verschwieg er. Hatte er meine Worte mißdeutet? Der Wind gewendet? Blaßblaue Sonnenlanzen durchstachen die Wipfel der Kiefern. Tauber riefen, Meisen zirpten. Der Hirsch aber schwieg.

Bald erscholl von weit her eine Stimme. Sie konnte unmöglich von dem Hirsch stammen. In flottem Tempo eilten wir in die Gegend, ohne auf Geräusche zu achten. Äste brachen, Holz splitterte, wir liefen. Kurze Pause. Hand an den Mund. Jetzt kam die Antwort von rückwärts. Ein zweiter Hirsch!

T. nicht zu sehen, er sollte ja auch nur Augenverbindung halten. Beim Suchen nach einer Schluppe brach es in den Erlen, und dann bewegte sich ein roter Rücken, der dort in der Lücke erscheinen dürfte. Angebackt wartete ich, sah ein geringes Geweih schwimmen, roten Rücken, und schon war die Kugel raus. Taubengeplaster. Ruhe.

T. kam angesprengt. „Mensch, ist das ein Hirsch! Er sitzt dort am Holzklafter und kann nicht hoch.“ Ein Fangschuß auf den Träger ließ ihn verenden. Einen Sechser oder Achter hatte ich gemeint zu sehen da durch die Erlen. Fleisch mußten wir haben, also gleich, was fiel. Und dann lag ein Vierzehnender mit einem Lichterbaum auf dem Haupt, mit dunklen Stangen und beinernen Enden am Holzklafter.

T. holte Wagen und Besatzung, während mich die rote Arbeit hielt. Die Verladung forderte ihre Zeit, und als es dunkelte, war sie geschafft. Feindliche Verbände nahmen uns wieder mit zurück.

Tage später, das Gebiet befand sich in unserer Hand, überfuhren wir die besagte Wegespinne, in dessen Nähe ein zweiter Hirsch röhrte. Es war klar, daß ich mich um ihn kümmerte. Zwei Kameraden wollten mit, sagten aber in letzter Minute ab, so daß ich mit vier begeisterten Soldaten allein fuhr. Mitten in dem Wegekreuz hielten wir, sicherten rundum und warteten auf das, was kommen sollte.

Tauben klatschten in die vom sinkenden Sonnenlicht vergoldeten Altkiefern. Ein Bussard zog seine Kreise, und hinter uns murmelte die Front. Im Blaudunst zog weitweg ein Rudel Rotwild über den Waldweg. Kein Hirsch folgte. Ob die Brunft schon beendet war? Es dunkelte mehr und mehr, und dann kam auf schmalem Radfahrsteg ein Mädchen? Eine Frau? Nur die Beine waren zu sehen. Im Glas erkannte ich schließlich Läufe eines Rottieres und machte Dampf.

Ob was lag, wußte keiner. Vorsichtig näherten wir uns dem Anschuß und fanden in dem Heidekraut nichts. Dann aber bekam einer einen harten Schlag vors Schienbein und schrie auf. Es war die letzte Zuckung des verendenden Stückes, eines guten Zwölfers mit langen, steilgestellten Stangen.

Wieder drängte Thompson zu einer Pirschfahrt. Er konnte den Vierzehner nicht vergessen. Wir beschlossen eine Fahrt ins Blaue, in die Unendlichkeit der Wälder. Angst oder Hemmungen kannten wir nicht. Hochwald und Niederbusch lösten einander ab, und an einer verheißungsvollen Waldwiese wurde gehalten, das Fahrzeug versteckt und angesessen. Frösche plärrten, Grillen schliffen, Blätter schauerten. Noch schien die Sonne. Bald aber entstieg bläulicher Dunst dem Boden, legte sich Nebel über die Wiese. Eicheln tropften, Dämmerung fiel, still und einsam lag der Wald. Ein Abend wie viele, an denen es kein Leben mehr zu geben scheint.

Heiß war der Tag, hartnäckig und tapfer der Feind. Es war mal wieder überstanden, und morgen hatte Gustav, mein Fahrer, ein immer gutgelaunter, freundlicher Bursche, Geburtstag. Das hieß, ihm eine Freude machen. Womit? Es gab in dieser Zeit nur eine Möglichkeit, und die ging über den Magen. Wenn ein alter Soldat feiert, lädt er seine Kameraden ein.

Daß die Männer gern Hasen aßen, wußte ich. Also versuchten wir Abhilfe zu schaffen.

Eine kleine Stunde mußte sich rausschlagen lassen. Verkrautete Felder lagen um uns, und Unkraut stand da genug, denn Chemie war hier noch ein Fremdwort. Am anderen Morgen zog ich mit Gustav und seinem Freund los.

Schon im ersten Kartoffelschlag ging eine Kette hoch, zu weit. Ein Stück weiter eine zweite, Junghühner in Starengröße, die unbeschossen blieb. Aber dann stieg eine Wachtel – doppelläufig vorbei. Man darf sie nicht zu weit lassen, aber auch nicht zu früh befunken, zu klein ist das Ziel und groß der Zwischenraum in der Schrotgarbe. Da, ein Hase im tabakbraunen Kartoffelkraut. Kopfstand in den Schroten.

Gustav hatte seinen Geburtstagsbraten, unser Ziel war erreicht. Wieder ein Hase und im dichten Gras eine starke Kette Hühner, die sich „zu Fuß“ davonstahl. Auf Infanteristen schießt man nicht! Dafür lieferte das kurz darauf aufstehende Volk eine Dublette. Staub wirbelte auf. Ein Kradfahrer überbrachte einen neuen Einsatzbefehl. Gustav erhielt die Beute.

Und dann war mal wieder eine Aufklärung fällig. Flieger meldeten Partisanen in einem vor uns liegenden Waldgebiet. Festzustellen war, in welchem Teil und wie stark. Mir wurde ein Gebiet zugeteilt, das nur mit dem Geländefahrzeug zu bewältigen war. Wir rollten und rollten die Waldwege ab. Gegen Abend stellten wir unser Fahrzeug in Deckung ab, und ich bestieg eine Kiefer, von der man das Vorgelände mit Kiefernschonungen einsehen konnte. Ein stiller Abend, an dem man weithin hören, jedes

Geräusch vernehmen konnte. Gänse rauschten vorüber, und die Mücken fidelten. Rechts unten mauste ein Fuchs. Irgendwo rätschten Häher.

Amselgezeter am Dickungsrand. Etwas war im Kommen. Solch Genuß verkürzt die Geduldstrecke des Wartens und hält munter. Wo sich die Grasflut im Rietgras zu wiegen begann, suchte ein Reh mit tiefem Haupt den Boden ab und verschwand im Hochgras. Jeder Jäger kennt das Gefühl, wenn nach langem Abwarten und bangem Hoffen und zweiflerischem ... da hob sich das Haupt: Bock! Vom Rumpf nichts zu sehen, nur ab und an das Haupt. Dann tat er sich nieder.

Zwanzig Schritt weiter schoß zartes Grün aus kohligem Brandboden. Dorthin müßte er ziehen, hoffte ich. Wieder rauschten Wildgänse durch die Luft mit stahlhartem Gick und Gack, das durch Mark und Bein dringt und das Herz so seltsam rührt. Wenn die Gans zieht, endet die Hirschbrunft! Dann ist die schönste Jagdzeit des Jahres vorbei.

Da, der Bock im Sattgrün des Brandbodens. Richtig gedacht. Nach jedem Bissen sicherte er, rieß das Haupt hoch und äugte in die Runde. Leise tuschelte unter mir die Gruppe. Kavallerie war gemeldet, und die ist schnell und beweglich. Jedoch wir suchten nicht den Kampf, wollten nur aufklären. Und nun wieder Gänse, Keil nach Keil.

Und da der Bock. Soll man, soll man nicht? Von allein ging die Büchse hoch und sprach ihr rauhes Wort. Von hoher Warte wurde Gustav eingewiesen, der Bock verstaut, und ab ging die Post.

Beim dritten Gestell überflogen uns wieder Gänse, Keil hinter Keil. Wir hielten. Fünfmal donnerte es durch die Wälder, und obwohl ich gut vorhielt, immer vorbei. Nichts fiel.

An übernächster Wegekreuzung kam uns in flotter Fahrt ein Fahrzeug entgegen, das nur der Konkurrenz gehören konnte. An Ausweichen nicht zu denken. Tritt auf die Bremse. Gewehr in die Hand, raus. Da waren sie schon ran. Eigene Truppe, unsere Alarmeinheit. Man wußte mich auf Feindfahrt, hörte die Schüsse und wähnte mich in Feindberührung. Der Wachhabende löste sofort Alarm aus und setzte die Einheit in Marsch.

Tage später „Das Ganze halt!" Waffenstillstand. Dicht vor uns der Russe. Genaues wußte niemand, und zu trauen war keinem. Einen Tag ließen wir ruhig über uns ergehen, aber dann wollte ich wissen, was vor uns war und zog mit drei Männern nach vorn. Ungehindert überwanden wir das freie Vorgelände, erreichten den Wald und schlichen vorsichtig weiter. Wie immer bei solcher Gelegenheit folgte mir die Gruppe auf Sichtverbindung.

Plötzlich menschliche Stimmen. Verständigung nach rückwärts durch Zeichen. Achtung! Weiter. Und nun eine Gruppe polnischer Soldaten bei zusammengesetzten Gewehren. „Hände hoch!“ Wir nahmen die Gesellschaft mit.

Auf freiem Feld wurde eine böhmische Streife organisiert, so daß im Halbkreis von mir auf jeder Seite sechs Mann als Treiber fungierten. Am letzten Kriegstag schenkte uns Diana vor den Augen meines Zuges noch drei Hasen und ein Huhn. Dann war er aus.

Mehrere Jahre lagen nach dem Kriege hinter uns, das Leben hatte sich normalisiert, und man konnte wieder in Polen jagen. Seine Wälder und sein Wild hatten es mir angetan, sie zogen mich. Rohrwiese sollte es werden, das einst Forstmeister Splettstösser verwaltete. Mit einem Jagdfreund stieg die Fahrt. Führer und Dolmetscher stellte die „Orbis“.

Zu sehen bekamen wir am ersten Morgen nichts außer einer taufrischen Männerspur im Gras. Am zweiten Morgen die gleiche Spur. Ob Zufall oder Absicht ließ sich nicht erkennen. Auf jeden Fall eine Störung des Jagdbetriebes, die mich veranlaßte, Beschwerde bei der „Orbis“ vorzubringen. Jeder Tag kostet Geld, wofür man keinen Ärger, sondern Erfolg haben will.

Meine Begleiter aber meinten, wir müßten zuvor den Kreisjägermeister sprechen, der Schulmeister und jederzeit erreichbar sei. Beim Betreten des Schulraumes ließ er mir sagen, daß er keinem Deutschen die Hand reiche, weil er sie hasse. Eine sofortige Kehrtwendung schloß die noch nicht begonnene Unterhaltung.

Telefonische Beschwerde in Warschau und Forderung nach einem anderen Revier, das dann Grudno hieß – eine staatliche Försterei im Raume Posen: reines Kiefernrevier mit riesigen Dikkungen. Salutierend empfing uns der Förster am Hoftor. Es wurde nicht erst ausgestiegen. Wir nahmen ihn an Bord und fuhren raus zur Geländebesichtigung. Das Jagdrecht besäße er allein, und kein anderer dürfe hier schießen. Das war's, worauf es ankam. Nun ging es ans Fährtenlesen, um zu wissen, ob es auch Hirsche gab. Kahlschläge boten sich hierfür genügend an, auch die Sandwege ließen sich nutzen. Dazu aber kam es nicht, denn ein Hirsch schrie, und zwei andere antworteten. Zurück zur Försterei und auspacken.

Für Haus- und Hofarbeit waren die Försterfrau und ihre Schwester zuständig. Der Hausherr und sein erwachsener Sohn hatten kein Verständnis dafür und konnten der Arbeit keinen Geschmack abgewinnen. Nach dem Abendessen luden wir alle zum Kaffee ein. Weil keine Mühle im Haus war, schickte man zum „Kaffeeklub". Der Leiter von „die Kaffeeklub", eine Lehrerin, war leider nicht zuhause. Wir mußten bis Mitternacht warten. Dann aber kam die Mühle.

Vor Tau und Tag des nächsten Morgens verhörten wir an einem Gestellkreuz. Überall meldeten Hirsche, zu sehen bekamen wir aber keinen. Bei anschließender Pirsch auf einem Kahlschlag ein hauendes Schwein, das ganz ruhig brach, als gäbe es nur ihn allein auf dieser Welt. Hinter ihm tanzte Kahlwild mit Kälbern am Bestandesrand. Ein junger Zehner gesellte sich zum Rudel, und kurz darauf endete schlagartig das Konzert. Oft erlebt und nie ergründet!

Als die Sonne über die Bäume kroch, standen wir in Krauthorsten von Binsen und Himbeeren auf einem Schlag, genossen das Spiel von Licht und Schatten und die volle Ruhe. Nichts rührte sich. Auf Anfrage keine Antwort. Nach gehöriger Pause Sprengruf. Bald löste sich ein Schatten aus jenseitigem Bestandesrand, zog wie am Schnürchen ein mittelalter „Bilderbuch-Zwölfer" auf uns zu, erkannte erst auf zehn Schritt seinen Irrtum, ging vor Schreck in die Knie und hochflüchtig ab.

Am folgenden Tag nahmen wir eine entfernte Revierecke vor, erlebten aber nichts besonderes. Als wir anderentags wieder am alten Platz hockten, zeigte sich überhaupt nichts. Da hatte doch der Sohn vom Vater gehört, wie leicht man einen Hirsch zum Zustehen bringen kann, sein Heil versucht und das Revier leergeblökt.

25. September. Der Dolmetscher sah einen Hirsch mit sechs Enden in der Krone samt seinem Rudel in eine Dickung ziehen. Weil sein Tageseinstand und nicht zu groß schien, sollte versucht werden, die Gesellschaft herauszudrücken. Kurz nach Mittag trieben vier Waldarbeiter mit viel Krach das Jagen durch. Vergeblich, nichts trat aus. Ich bat um Wiederholung ohne Krach, oft stehenbleiben, einen Zweig knicken, mal husten, das Wild herausgraulen!

Vertraut zogen acht Stück Kahlwild mit Kälbern aus der Dikkung. Der Hirsch folgte, hatte aber nur acht Enden insgesamt.

Am Abend meldeten weit entfernt einige Hirsche. Weil ich inzwischen das Revier einigermaßen gut kannte und gern allein pirsche, bat ich den Beamten, mich allein ziehen zu lassen. Er erklärte sich einverstanden. Am anderen Morgen fuhr ich mit meinem Wagen in die Gegend, in der die Hirsche schrien, horchte an jedem Gestellkreuz und war bald in der Nähe von zwei Hirschen, ließ den Wagen stehen und ging sie an.

Es ging hin und her. Ich blieb dran und folgte. Ein Jagen nach dem anderen ließen sie zurück. Inzwischen waren schon vier Stimmen vernehmbar, die fortwährend weiterzogen. Als es dämmerte, schimmerte durch Randkiefern ein gelbes Lupinenfeld, in dem mehrere Rudel Hochzeit feierten.

Hinter einer dicken Kiefer beobachtete ich das Treiben. Wild, wohin man auch sah. Schließlich löste sich ein Zehner mit starken Stangen aus einer Senke, ein alter Hirsch, wie für mich geschaffen. Als das Abkommen auf seiner Decke zitterte, erhob sich eine fünfendige Krone hinter ihm. Finger lang, absetzen! Als der Zehner mit seinem Rudel in eine Mulde eintauchte, zog ein anderer mit seinem Rudel von links an. Hinter ihm im Feld spritzte Kahlwild. Bei diesem Anblick gerieten die Sinne durcheinander, wußte man nichts mehr von der übrigen Welt. Als die Sonne aufging, Millionen Tauperlen funkelten, verschwiegen die Hirsche, trat schlagartig Ruhe ein. Geräumt war das Feld, die Bühne leer.

Mitten in der Feldmark erhob sich ein Strohdiemen, der sich für den Nachtansitz anbot. Fährten standen überall dicht bei dicht, und hinter dem Lupinenschlag glosten braune Kartoffelfelder, die wüst zugerichtet dalagen. Einige hundert Meter weiter gähnte ein kleines Dorf mit öden, teils verlassenen Häusern. Ein alter Mann erklärte sich gern bereit, eine Leiter an den Diemen zu bringen, auf dem ich mich für die Nacht einrichtete, ein bequemes Nest baute mit einem Schirm darüber gegen den Mond.

Am späten Nachmittag, als noch Kartoffeln geerntet wurden, die Leute laut prahlten, die Jungen scherzten und lachten, bezog ich meinen Sitz. Als die Sonne am Sinken war, sicherte schon ein Alttier am Waldrand. Minuten später zog es in die Lupinen. Ein Rudel von über zwanzig Köpfen folgte. Gierig wurden die gelben Blüten geäst. Staub wirbelte, alles wurlte durcheinander, und die Kartoffelleute arbeiteten immer noch auf dem Acker.

Wo das Rudel austrat, rumorte jetzt ein Hirsch in den Lupinen und warf das Kraut in die Luft. Vor Staub war er oft nicht zu sehen. Als er Luft abgelassen und sich ausgetobt hatte, zog er zum Wald zurück und tat sich in einer Wegepfütze nieder, reckte und wälzte sich. Steil stieg der Rauch aus den Schornsteinen am Dorfrand. Eine stille, kalte Nacht stand zu erwarten.

Weil mit Nachtfrost zu rechnen war, deckten die Leute die Kartoffeln ab und räumten dann das Feld. Während sich das Schlußlicht des Treckers entfernte, deckten schon erste Stücke die Kartoffelhaufen ab und begannen das Mal. 30 Stück und mehr waren dort am Werk. In einigen Häusern ging Licht an, sofern sie bewohnt waren. Die meisten standen leer und verfielen. Nur alte Leute hielten die Stellung, während sich die Jugend zur Stadt zu lohnender Arbeit und zu Spiel und Tanz absetzte. Düsternis und Trauer breitete sich über kühlumsternte Wipfel entflorter Obstbäume. Eine Eule rief, und im Schummer der Wälder schreckte ein Reh.

Bis in die Vorgärten drängte das Wild und erntete Gemüse und Obst. Niemand kümmerte sich um den Schaden oder sorgte für Abhilfe, und der alte Mann, der die Leiter zum Diemen gebracht hatte, freute sich, weil endlich jemand einen Hirsch schießen wollte. Erbärmlich waren Wohnung und Kleidung, in Lumpen gehüllt die armen Menschen.

Halbrechts hinter mir meldete seit einiger Zeit ein Hirsch und auch links hinter dem Schober einer. Mäuse raschelten im Stroh. Lautlosen Fluges umgaukelte eine Eule den Strohhaufen. Ein

Licht nach dem anderen verlosch in den Häusern, und dann durchbrach mit jähem Knall ein Nachtjäger die Schallmauer. Nach längerer Schweigezeit meldeten die Hirsche wieder. Es mochten nun acht Stück sein, die schrien.

Als glühgelb der Erntemond aus dem Blaudunst der Wälder stieg, hörte man sehr weit weg eine tiefe rauhe Stimme, die sich markant aus dem Chor der anderen heraushob. Sie nahm es mit manchem Löwen auf. Aus schwarzen Schattenrissen des Horizontes klang sie herüber und veranlaßte mich, Haltung anzunehmen. Im Feld war der Teufel los, Aufruhr wohin man sah und hörte. Die Dorfhunde schwiegen. Sie mochten schlechte Erfahrung gesammelt haben beim Verjagen der unerwünschten Gäste aus den Vorgärten.

Eine Sternschnuppe querte den Horizont. Milchstraße und Umgebung schwammen in Silber, und Millionen Sterne blitzten am Nachthimmel.

Der Baß aus der Ferne schien sich zu nähern. Deutlicher wurde sein spärliches Schreien. Obwohl man annehmen konnte, es mit einem alten Hirsch zu tun zu haben, blieb ich ein wenig skeptisch, auch ein junger Hirsch kann eine tiefe Stimme haben. Sein spätes Austreten und das sparsame Schreien sprach aber doch für Alter.

Es war elf und das aufquellende Licht einer Kate gerade erloschen, als ein neues Rudel anzog, sich aus dämmrigem Blaudunst schälte und über die Senadella herfiel. Und dann donnerte der Baß schon im Feld. Zu sehen war er noch nicht, aber er kam, folgte seinem Rudel, das jetzt über einen dunklen Sturzacker zog und sich jeglicher Sicht entzog.

Mäuse wisperten, im Feld tobte die Brunft. Staubwolken hoben und senkten sich, und dann sah ich ihn nickenden Hauptes angewankt kommen. Weitausgelegtes Geweih, beide Kronen voller Enden, gewaltiger Vorschlag. Der Silbergrund der Senadella hob ihn herrlich ab. Als ich zur Büchse griff, entschwand er dem Blick und war unauffindbar. Träumte man? Alles Abglasen nützte nichts.

Ich wurde nervös und aufgeregt. Irgendetwas stimmte hier nicht. Hatte der Teufel die Hand im Spiel? Eine Tür knarrte im Dorf. Ein Mann schimpfte und fluchte auf die Hirsche. Wo blieb mein Hirsch? Nachtspuk! Geisterstunde? Dinge gibt's, die gibt es gar nicht, und sie passieren doch, pflegte ein alter Freund bei solcher Gelegenheit zu sagen.

Nach einer Ewigkeit trat ein Tier in die silbrige Senadella. Der Rest des Rudels zog nach. Woher kamen sie? Wo blieb er? Kurze Zeit später stand er auch da, legte das Geweih zurück und donnerte seinen Ruf über das Feld. Alles verschwieg, stand still und horchte auf. Dann peitschte der Schuß durch die Nacht, und der Beschossene zog auf dem Wechsel zurück, auf dem er kam. Eine zweite Kugel ließ sich spitz von hinten nicht anbringen.

Und Mondlicht ist kein Tageslicht. Im Zielglas folgte ich und wartete auf eine Wendung. Jetzt bog er rechts ab, knickte vorn ein und lag. Sein Rudel nahm den Schuß nicht übel und äste weiter. Auch im Feld lief in fieberblauem Monddunst der Betrieb weiter, tollten und schrien die Hirsche. Staub wirbelte, und Tiere und Kälber preschten durcheinander.

Am liebsten würde ich sofort vom Schober rutschen und zum Hirsch gehen, aber die jagdliche Erziehung verbot es. Eine kleine Halbstunde hatte man zu warten. Schlechte Erfahrung hatte ich in den Anfangsjahren gemacht. Mit einem Kameraden durchpirschten wir unser Revier, gingen einen röhrenden Hirsch an und kamen auf ihn zu Schuß. Mit der ersten Kugel zog er zehn Schritte weiter und blieb hinter einem kleinen Busch stehen. Dort setzte ich ihm die zweite hinter das Blatt. Ganz langsam zog er in den Bestand. Weil ich meiner Sache sicher war, gingen wir zum Anschuß.

Schweißfährte handbreit, leicht zu halten. Wir blieben dran, müdeten den Hirsch auf, arbeiteten weiter. Nach einer Stunde wurde der Schweiß selten. Die Suche wurde immer schwerer. Drei Stunden später waren wir mit unserem Latein am Ende und gaben auf. Noch einmal hundert Schritte sagte ich, und dann ist Schluß bis Nachmittag. Nach 50 Metern sahen wir den wankenden Hirsch und erlösten ihn. Nie wieder, schwor ich…

Jetzt nahte auf demselben Wechsel, den mein Hirsch kam, ein anderer, verhoffte und schrie. Ich traute meinen Augen nicht, als mein Hirsch sein Haupt hob. Die zweite Kugel warf ihn zu Boden. Minuten herrschte Stille. Aber dann erhob der Neuling –

In hoher Fahrt folgte ein Hirsch mit hellendiger Becherkrone.

ohne vom Schuß Notiz zu nehmen – von neuem seine Stimme, und mein Hirsch hob wieder sein Geweih. Wieder warf ihn eine Kugel zu Boden.

Mir wurde unheimlich. Das ging doch nicht mit rechten Dingen zu. Und wieder meldete der Neuling. Er wich nicht vom Platz. Auch das befremdend. Damit nicht genug, mein Hirsch hatte wieder das Haupt hoch... Hatte es überhaupt noch Sinn weiterzuschießen?

Vierter Schuß. Heller Kugelschlag. Nun rührte er sich nicht wieder und lag endgültig still.

Rundum brodelte das Feld. Dunkle Schemen, wohin man sah, Rennen und Schieben in Dunst und Staub.

Ich glitt vom Diemen und schritt mit entsicherter Büchse zum Hirsch. Würde er halten, was er versprach? Hochauf ragte eine Stange. Lang genug, dachte ich. In milchigem Licht eine Krone. Schneller schlug das Herz und beflügelte den Schritt. Dann stand ich bei ihm und griff in die Stangen, die grobperligen. Vier Enden in einer Krone, fünf in der anderen. Immer wieder glitt die Hand über das Geweih, fühlte die glatten blanken Enden, tastete über die Perlen.

Es wurde eine lange Totenwacht aus der Sternstunde. Kampf und Tanz um kommendes Leben tobte um mich, Leben und Tod auf weitem Feld in magischem Licht eines vollen Mondes.

Schließlich riß ich mich los, durchschritt die Hochzeitsparade und ging zum Wagen. Nach kilometerweiter Fahrt horchte ich noch einmal rückwärts und hörte das ferne zu Herzen gehende Orgeln.

Frieden und Stille über der Försterei, wie ausgestorben und ohne Licht lag sie da. Der aufgemüdete Forstmann rief den Sohn und ließ anspannen. Bald rollten wir über den Sandweg zum Feld. Geschirr jankte, der alte Gaul roch nach Schweiß, und Heidekraut wischte über die Räder.

Schließlich hielten wir am Feld und fuhren mitten ins Konzert hinein zum Gestreckten.

Weil Peter wieder keinen Anblick hatte, wollte ich, daß er am kommenden Abend auf meinem Diemen im Felde zu seinem Hirsch kommen sollte. Eigenartigerweise lehnte der Förster strikt

Immer wieder glitt die Hand über das Geweih, fühlte die glatten, blanken Enden, tastete über die Perlen.

ab. Die Zeit lief, nichts tat sich. Am letzten Tag wurde uns aber das Feld wieder freigegeben. P. bezog den Diemen, und ich fuhr weiter und suchte mir einen anderen Platz. Bis Mitternacht wollten wir sitzenbleiben und uns dann an einem bestimmten Punkt treffen.

Sternklare Nacht, heller Mond. Tolle Brunft, großartiges Konzert. Stunden vergingen, kein Schuß fiel. Sollte er eingeschlafen sein? Nach elf verließ mich die Ruhe, und ich fuhr ohne Licht zurück, sicherte und verhörte auf Höhenpunkten, glaste das Vorgelände ab und genoß die prächtige Nachtmusik. Im dunklen Waldschatten mußte das Licht eingeschaltet werden, und dann hielt ich am verabredeten Punkt. Zwölf Uhr war's, und kein Peter zur Stelle. Der Schirm auf dem Diemen unbesetzt.

Beim Abglasen des Feldes erregte ein dunkles Etwas meine Aufmerksamkeit, das nicht in die Landschaft paßte. Ich ging draufzu und stand vor einem noch warmen Tier, das schon ein Stück geschleift worden war? Einen Schuß hatte ich nicht gehört. Da näherte er sich am düsteren Waldrand.

„Wann und warum schossen Sie das Tier?"... „Ich schoß überhaupt nicht, sondern wartete auf das Austreten eines Hirsches aus dem dunklen Waldschatten, in dem sie wie toll schrien, als ein Wagen angerollt kam, helles Licht einschaltete, und ein Schuß brach. Zwei Mann rannten aufs Feld, griffen ein Stück Wild und zogen es mit sich. Dann kamen Sie, blendeten auf, und die Männer liefen und brausten ohne Licht davon."

Bialystok

Calle und Paul wollten in Augustowo jagen, und ich hatte mir in Bialystok einen Hirsch gesichert. Dort, wo die meisten Kartoffelfeuer brannten, der Rauch die herbstliche Luft würzte und eine Menge kleiner beladener Panjewagen über das Kopfsteinpflaster rollten, trennten sich unsere Wege. Gegen Abend begrüßte man mich auf dem Hof der Oberförsterei Suprasl. Ein alter Mann, Verwalter, Hofmeister und Knecht zugleich, lud Stroh. Zwei terrierähnliche Fixköter kläfften und zerrten an ihren Ketten.

Kaum stand der Wagen, da flog ein Puter auf das Verdeck und signierte das Leder, was außer mir niemanden störte. Das Haus war voll belegt mit einem weiteren deutschen Gast nebst Dolmetscher und Führer, kein Zimmer mehr frei.

Mein Gepäck hatte man schon in die Mädchenkammer geschafft, Schlafzimmer der Töchter des Hauses, sechzehn die eine, achtzehn die andere. Am Abend wurde mir dann dort ein Langsessel zugewiesen, von dem mich nur zwei Schritte von den jungen Damen trennten. Nur gedämpfte Schritte und leises Kichern hörte ich noch, dann schlief ich wie ein Bär.

Allzufrüh weckte am anderen Morgen der Oberförster zu erster Pirsch. Goldgrünes Licht fiel durch gelichtete Kiefern. Fährten standen überall im Sand. Der Vierzehner, dem die Pirsch galt, war mir zu jung. Es war wenig los. Selten meldete ein Hirsch. Dabei sollte im Nachbarforstamt Hochbetrieb geherrscht haben. Der folgende Tag brachte keine Änderung. Den nächsten sollte mich nun der Jäger Josef führen, dessen Revier weit abseits lag. Wir trafen uns draußen und horchten in die Nacht.

In der Nähe einer Kultur wußte er einen Hirsch, der wenig schrie, nur brummte und schon bei Nacht sein Rudel in Deckung trieb. Dem Benehmen nach ein alter Hirsch, den ich mir vornehmen wollte. Auf dem Weg dahin querten wir einen breiten Wechsel, in dessen Nachbarschaft einige Fichten drei Meter hoch „frisch poliert" im Frühlicht glänzten. Hier wurde still angesessen, gehorcht, gespäht und gehofft. Nichts tat sich. Der Hirsch mußte den dichten Wald schon angenommen haben, was bei vollem Licht auch das Fährtenbild bestätigte. Mein Entschluß fiel schnell: dem Wechsel folgen und den Hirsch mit der Muschel reizen. Josef wurde abgelegt, überflüssige Kleidung dazu. Dann schob ich mich mit Büchse und Muschel langsam und auf „Engelssohlen" durch unterständigen Mischwald – Kiefern, gemischt mit Eiche und Buche, eingesprengte Fichtenhorste. Hier Kräuter und Gräser, dort Preißelbeeren, Brombeeren und Pilze.

Als erste Sonnenstrahlen die Zweige der Kiefernkronen vergoldeten, drang ein müder dunkler Brummton an mein Ohr. Er konnte von einem Hirsch stammen. Ich blieb stehen und lauschte. Wohlfühlen könnte sich hier schon ein Hirsch. Deckung und Ruhe bot der Platz. Frühwind raunte in den Baumwipfeln, sonst aber rührte sich nichts. Ich nahm die Muschel und mimte den suchenden Hirsch. Nichts... An eine Altkiefer gelehnt wartete ich ab. Nichts... Jetzt wurde ich energischer und lauter: Sprengruf. Kaum war die Muschel beiseite, da brach es vorn, krachten Äste, kam ein Hirsch angestürmt. Blitzende weiße Enden, Doppelkrone. Schon war er auf 80 Schritt heran und mußte mich eräugen.

Da lag aber auch schon die Büchse an der Wange, bellte der Knall. Bäuchlings ging er zu Boden, kam wieder auf die Läufe, stürmte mit tiefer Vorderhand weiter, brach zusammen, lag... Das hatte mal wieder geklappt. Aber der da so mächtig angab, den wilden Hirsch markierte, war nicht der gesuchte alte. Ein Jungmann auf Freiersfüßen, der sich mit seinen sieben Jahren zum ersten Male auf den Brunftplatz wagte, sich überstark fühlte und den Kampf aufnehmen wollte. Nun lag er da, als wollte er sagen, auch ich war jung und schön, und das war mein Verderben.

Wohl fühlte ich mich nicht mit meiner Beute. Ärgern wollte ich mich aber auch nicht. Wir versorgten den Hirsch und begaben uns heim. Um auf andere Gedanken zu kommen, fuhren wir am Nachmittag nach Bialovice, wo wir einen Landsmann trafen, den es noch arger erwischt hatte. Statt eines Acht-Kilo-Hirsches im Höchstfall streckte er einen von elf, den er nicht bezahlen konnte. Völlig verzweifelt sah er aus, aber wie so etwas passieren kann, wußte ich allzu gut. Bei Wisenten und Wildpferden ließen wir kluge Worte über uns ergehen, und auf der hierfür erbauten Tribüne Erläuterungen aus Volkes Mund.

Am 25. September klopfte ich um drei Uhr an Josefs Fenster und sah ihn, rotüberhaucht von flackerndem Lampenlicht, vor einer Kanne Kaffee. Auf der Bank neben ihm seine reichlich rundliche Frau. Kringel vom bullernden Herdfeuer zitterten an Wand und Decke. Die Tür öffnete sich, und in einer Wolke dicken Miefes erschien der Jäger. „Darsch burr! Hirsche schreit sich ganze Nacht, ville Hirsch.“ Ab ging die Post. Der ganze Wald rumorte. Wir pirschten zu einer Freifläche, auf der eine hauchzarte Stimme meldete, die von einem Zickenlamm stammen könnte, gleich danach aber grob wurde. Das Kind-Mannspiel reizte. Man konnte sich keinen Vers daraus machen. Er war nicht weit weg und doch nicht zu sehen. So dicht wie möglich schoben wir uns heran, standen und spannten und warteten das Licht ab.

Die Gedanken wanderten zur Oberförsterei und zur Erzählung des Beamten. Eine kalte Winternacht war's. Bei hohem Schnee barsten die Bäume. Im Stroh der warmen Hütte träumte der Jagdhund, ein strammer Rüde, von Wild und Jagd, von waidfrohen Stunden, und wurde plötzlich gepackt, von scharfen Reißzähnen in die kalte Winternacht gezerrt. Ehe er zu Besinnung kam, war er schon gevierteilt, in Stücke gerissen, gefressen. Wölfe ... Sie hatten den Hofzaun überfallen und den Hund aus seiner Hütte geholt.

Der alte Kutscher vermißte ihn am frühen Morgen und löste Alarm aus. Noch vor Mittag war das Rudel fest und eingelappt. Acht Waldarbeiter trieben durch. Kein Wolf.

Wiederholung des Treibens ohne Krach. Vor Kälte konnten die Schützen kaum noch die Waffen halten. Die Füße fühlten sie nicht mehr, aber sie hielten durch. Dann kamen die Grauhunde in langer Reihe, schön einer hinter dem anderen, zwölf insgesamt.

Wie eine Säule verharrte der Oberförster hinter einem Baum, ließ die Rotte auflaufen und eröffnete auf zwanzig Schritt das Feuer. Der Leitwolf lag sofort, der zweite blieb im Hagel, und Nummer drei schaffte noch 50 Meter.

Jetzt wieder ein tiefer Grohner, und dann stand ein Sechzehnender vor uns, beste Zukunft vom achten Kopf.

26. September. Dunst und Nebel. Verflimmern der Sterne. Erster Vogelflug, Drosselgezeter, der Morgen. Laub tropfte, Nebel fiel. Ruch von Kien und Humus. In krummbuckligem Hoppelgang krebste ein Hase im Unterwuchs herum, und dann schrie ein Hirsch. Ein hohler Brummer nur in den Buchenheistern. In solchem Moment ist der Weltbetrieb abgeschaltet, existiert nur noch er, der Hirsch. Ein Fuchs, der, bedenklich nahe, die Hasenspur studierte, konnte unsere Blicke nicht auf sich ziehen. Im frühen Heusommer mochte er das Licht der Welt erblickt haben, ein Kind noch. Zweige bewegten sich, ein massiger Körper schob sich schemenhaft durch den Busch. Lange dunkle Stangen, ein schwimmendes Geweih. Wenn er die Richtung beibehielt, müßte er eine Lichtung passieren, an der man passen sollte.

Irgendwo ein dumpfer Schuß, das dürfte Egon gewesen sein auf seinem letzten Pirschgang heute ... Langsam ging es der Lichtung entgegen. Selten meldete der Hirsch, nicht anhaltend, aber man konnte seinem Weg folgen. Etwas später zog er durch lichten Bestand, und ich meinte, drei Enden in der Krone entdeckt zu haben. Nur noch vereinzelt hörte man ihn kurz rufen. Für heute dürfte nur noch wenig Hoffnung bestehen. Es war die Stunde, in der die Nachtmusik zu enden pflegte. Vögel flogen, der Specht lachte, und wir warteten in den Büschen an einer Kultur. Viel Hoffnung bestand zwar nicht mehr, aber die Natur bot soviel Schönheit, daß es lohnte, sie zu genießen. Das bunte Laub der Buchen, die gelben Birken, rotes Beerkraut. Meisen und Goldhähnchen im Gezweig. Ein ringholender Bussard am blauen Himmel und sein Katzenruf, und dann ein kurzer Schrei im Bestand. Kurz darauf der Hirsch im verbuschten Zeug des Randes. Eine hingeworfene Kugel ließ ihn zu Boden gehen.

Minuten später lag er vor uns. Vier blitzende Enden hoben sich aus gelbem Gras, doch das Haupt glatt am Boden? Die linke Stange fehlte ... Ein anderer Hirsch? Schweigend gingen wir ans Aufbrechen und stellten fest, daß sie frisch abgebrochen war. Ja, ob man suchen sollte?

Wir nahmen es auf mit nebelnaß dämmernder Waldwildnis. In tropfenden Tiefen riefen Häher. Wacholderdrosseln schnarrten. Wir suchten, fanden eine Menge Pilze, füllten die Hüte und suchten und sahen uns die Augen aus dem Kopf. Als wir kurz vor Mittag aufgeben wollten, rief Josef „Hurra!" und ließ das Stangenende über seinem Kopf kreisen.

Morgen beabsichtigte ich nach Augustowo zu fahren, um zu sehen, was die Freunde erreichten. Eine herrliche Landschaft mit viel Seen nahm mich gefangen, auf jedem Wasser Schwäne. Leider fällt manche Ente dem Schwan zum Opfer: er ersäuft die kleinen Kücken, drückt sie unter Wasser bis zur Erstickung. Früher soll es hier viele Enten gegeben haben. Dennoch steht der Schwan unter vollem Schutz.

Dann kam Calle und strahlte Freude aus. Seine Augen leuchteten, in aufnebelnder Sonnenfrühe streckte er einen braven Hirsch, einen Kronenzwölfer mit edlem Geweih. Paul blieb Schneider und wollte sich am Nachmittag nochmal versuchen. Sein Förster sah am Vortag einen passenden Hirsch, den sie zu ersitzen trachteten. Jedoch beabsichtigte ein anderer Gast gleiches zu tun. Sie einigten sich, jeder sollte eine Kanzel besetzen, zwischen denen der Hirsch sich bewegte. Einem müßte er dann schußgerecht kommen.

Zeitig bezogen beide mit „Leibjäger" Position. Als die Sonne in den alten Fichten verglühte, meldete der Hirsch. Ein zweiter fiel ein. Es wurde feierlich.

Eine dritte Stimme, gereizt und böse! Drohend zog er auf Paul zu, änderte aber den Kurs zur Konkurrenz. Eine erregende Musik lieferten die drei Streiter. Das Beschimpfen nahm kein Ende. Hin und her ging das Schreien und nervte die Jäger.

Schließlich fiel der Schuß. Beide stiegen zur Gratulation von der Kanzel und gingen aufeinander zu. Aber keiner wollte annehmen. Jeder glaubte, der andere habe geschossen. Komische Sache. Wer sollte wem glauben? Man war sich bald einig, ein dritter hatte mitgemischt, und morgen mußte der Schweißhund her.

Der Morgen kam und mit ihm die Nachsuche. Der Hund fand schnell den Anschuß und den Aufbruch. Frische Grabespuren brachten das Geweih an den Tag, einen Achtzehnender mit armstarken Stangen. Ins Nachbardorf führten die Spuren von einem Mann und einer Frau. Sie verloren sich am Dorfrand.

29. September. Um fünf ein Schuß im Nachbarrevier. Könnte der Gast gewesen sein, der mich bat, das Geweih mitzubringen, falls er am letzten Tag noch Erfolg haben sollte. Die Vermutung traf zu. Er hatte einen Hirsch beschossen, der nicht lag. Nach dem Mittagessen nahmen wir die Suche auf. Wassili, das Hoffaktotum, erschien mit den beiden Fixkötern am Bindfaden. Die alte Hündin schnüffelte ein bißchen herum, und ihr Sohn sah lustlos zu. Genauso hatte ich es mir gedacht.

Dann aber wurde die Alte lebhafter, steifte den Rücken, legte sich in den Bindfaden und verwies Schweiß. Behutsam ging es weiter durch Brennesselhorste, Seggebürsten und Dürrholz.

Kein Schweiß, kein Wundbett. Ob wir richtig lagen, wußten nur die Hunde.

Was kommen mußte, kam. Der Bindfaden riß, und aufjaulend stürmte die Meute davon. Der Alte zuckte die Schultern. Was kann man machen? Wir horchten und warteten ab. Fernweg endlich Verbellen... Dorthin! Eine dichtbeastete Altfichte wurde umtanzt. Kein Hund sprang ein, beide blieben auf Distanz und vorsichtig.

Inzwischen war Wassili heran. Er ging in Anschlag und schoß. Weißes spritzte ins Gezweig. Die Hunde verschwiegen, und was da in den Ästen hing, war Gehirn. Mit der Brenneke, Kaliber 12, hatte der Alte dem Hirsch ein Loch in die Stirn gestanzt. Ein unschönes Bild, aber die Stangen hielten noch zusammen.

Bei der Rückreise traf ich in Posen Christine, Dolmetscherin vom Vorjahr, ein rassiges Weib mit Charme und Witz. Einer Freundin hatte sie sprachlich aushelfen müssen, die nicht wußte, wie „Lebensmittel" auf deutsch heißt. Der deutsche Jäger wollte ihr einen Wunsch erfüllen, und sie konnte sich nicht ausdrücken.

Christine wußte Rat, sie münzte das Wort in „Liebesmittel" um. Wochen später rief die Dolmetscherin an. „Stell dir vor, die Kerle schickten mir Antibabypillen."

Mächtige Berge. Herrliche Wälder um Chrynizza oben im Raume Zakopane. In aller Frühe ballerte es an meiner Tür. „Franzisek Sumara zur Stelle. Soll sich Pan auf Hirsch führen!" Schnell ins Zeug. Tür auf. „Sei gegrüßt, mein Lieber!" An der goldgelb gleißenden Cognacflasche blieb des Jägers Auge hängen. Er konnte den Blick nicht von ihr wenden. Eine gefüllte Tasse wurde ihm zugeschoben, die er in großen Zügen inhalierte. Stirn und Nase zogen Falten, die Augen tränten.

„Tschakreff. Schlagt Feuer aus Nase und Ohr!" „Raa--tze--putz." Milder Rum wurde nachgereicht, und mit jeder Tasse hob sich die Stimmung des Mannes. Auch der Hirsch, den er in petto hatte, wuchs von Minute zu Minute. Als er zwanzig Enden aufhatte, verdrehte er die Augen und rutschte unter den Tisch. Niemand lag er da im Weg.

Ich packte meine Sachen aus und legte das Handwerkszeug griffbereit. Währenddessen schleckten Kälber und Schweine Äpfel und Pflaumen im Vorgarten. In den Wiesen dahinter grasten Pferde und Kühe, und den Horizont beschlossen Schneeberge. Von den Rehen, deren rote Tupfen einst die Wiesen zierten, war nichts mehr, seitdem der Luchs wieder stark vertreten ist. Die kleinen vergitterten Fenster im Kiefernbohlenstall sollen den Wolf abhalten, der wintertags umgeht und nächtens Nahrung sucht.

Unterm Tisch rumorte es. Man hat den Rausch verdaut. „Franzisek schlaffen serr gutt." Am Nachmittag holte ich ihn ab. Sein Haus, ein uralter Holzbau. Im Flur eine Kiste mit Schrot und Kleie. Feuerherd und Holzkiste, ein Wassereimer, die Küche. Wohn- und Schlafzimmer, ein schlichter Raum, aber sehr sauber.

Wir fuhren in Richtung Chrynizza, bogen rechts ab über eine klapprige Holzbrücke und holperten am Bachbett bergwärts. Himmelhohe Tannen mit meterdicken Stämmen, von denen viele über dreißig Festmeter hatten. Als der Weg endete, stiegen wir aus und pirschten in einem kleinen Rinnsal mit glitschigen Rundsteinen aufwärts. An einer erlenumwucherten Sumpfstelle lag Suhle bei Suhle, und am himbeerbestandenen Kahlschlag sagte Franzi: „Hier ich sehen eine Hirsch mit acht Enden in Krone."... „Durch die Flasche?" „Nix Flasche".

Eine Stunde später ein anderer Himbeerschlag, schmal und hangwärts steilend. Oben ein roter Fleck, ganz kurz nur, ein Hirsch. Weg war er. Wir widmeten ihm eine halbe Stunde. Dann war es Zeit, kehrt zu machen.

In einer Dauerkurve rollten wir zu Tal. Licht wischte über Bäume und Fels-Ecken. Jeder hing seinen Gedanken nach, und der Hirsch mit den acht Enden in der Krone spukte im Kopf. Da, ein Wolf mitten auf dem schmalen Schluchtweg. Den Sprung gegen die linke Wand schaffte er nicht. Er fiel zurück. Der zweite Satz gelang ihm. Ein anderer Grauhund folgte dichtauf, der aber sofort kehrtmachte und in der Finsternis verschwand.

Am anderen Tag regnete es. Es goß und schüttete, an Jagd nicht zu denken. Familie Frantisek wollte in Chrynizza einkaufen, und wir gondelten in die altersgraue Stadt.

Nach kühler Nacht brachte der 23. September einen klaren Morgen. Der Uhu rief, und fünf Hirsche meldeten. Es graute. Vogelgeflatter und Amselgezeter. Am Wurzelstock einer Eiche wurstelte ein Wiedehopf. Bei Sonnenaufgang steigerte sich das Konzert, und ich griff zur Muschel. Nichts. Beim zweiten Ruf brach es in den Jungbuchen und ein Hirsch kam angeprasselt, der erst fünf Schritt vor uns seinen Irrtum erkannte und sich jäh herumwarf. Frantisek blaß vor Schreck, konnte kaum sprechen.

Um fünf brach jäh das Konzert ab. Ein Haselhahn splißte, und zwei Kolkraben riefen sich nette Worte zu. Dann grunzte unter uns ein Hirsch. Es hörte sich an, als säße er im Keller. Unmöglich, ihn zu orten.

Später zog ein Tier über die Kuppe. Der Hirsch folgte. Franzi schlug vor, ihm den Wechsel zu verlegen. Völlig ausgepumpt erreichten wir die Gegenseite und kraxelten den Hang hinauf. Buschwerk und Brombeeren hemmten das Vorwärtskommen. Der Jäger, ein Stück voraus, winkte zur Eile, sank in die Knie und wies nach vorn.

Lichtüberflutet und kupfer-gold-gleißend stand da ein Hirsch mit weitausgelegtem starkem Geweih. Ein Zehner, aber ein sehr guter mit langen Enden und dunklen Stangen. Breitseits sicherte er nach vorn. An Franzi gelehnt, nahm ich Maß. Im Schuß hob es ihn wie zum Hochsprung, dann ging er ab, das Haupt tief am Boden. Weit würde er nicht kommen. Am Anschuß blasiger Schweiß und ein walnußgroßes Stück Lunge. Wir ließen ihn in Ruhe, um am Nachmittag nachzusuchen.

Die vom Jäger bestellten Leute brachten sogar einen Hund mit, einen Bastard, der gierig das Stück Lunge fraß und in entgegengesetzter Richtung verschwand. Zunächst ließ sich die Rotfährte gut halten, wurde im Dichten spärlicher und verlor sich bald ganz. Zu viert suchten wir die Buchendickung durch und fanden nichts. Ich nehme an, daß sein Fleisch in den Töpfen der Männer landete und hoffte, daß das Geweih im Winter gefunden würde. Es blieb bei der Hoffnung.

Einen alten Jagdfreund hatte ich mitgebracht, und weil er innerhalb von drei Tagen nichts zu sehen bekam, bat er mich um Führer und Revier. Gern sagte ich zu. Wir fuhren dorthin, wo ich meinen ersten Tag verbrachte.

Franzi zog mit Alfred los. An dem großen Himbeerschlag machten sie es sich bequem, während mein Weg bergwärts in eine andere Richtung führte. Hirschfährten überall und sogar eine vom Reh. Ein schöner stiller Nachmittag war's. Das Laub vom Ahorn begann sich zu färben, und auch Birke und einige Sträucher wurden bunt. Ein Specht hämmerte, und zwei Eichkater rasselten am Stamm einer Tanne nach oben.

Unten fiel ein Schuß, dessen Echo die Wände entlanglief. Wem konnte er gegolten haben? Beide waren doch erst vor kurzem losmarschiert. Da knallte es nochmals. Das gab zu denken. Schon fiel der dritte Schuß. Sauen! Natürlich. Wenn Alfred ihnen begegnete, ging die Passion mit ihm durch. Noch ein Schuß. Ich ging zurück, zu sehen, was es gab. Fünfter Schuß. Jetzt war seine Munition zu Ende. Drei Kugeln und zwei Brenneke führte er immer mit sich für die Bockbüchsflinte. Was mochte er wohl beschossen haben?

Als ich am Wagen war, sah ich beide kommen. Sehr ernste Mienen. Aber die Augen leuchteten, und die täuschten nicht. „Was hast du geschossen?“ „Den Hirsch mit acht Enden in der Krone, einen Zwanzigender.“ Ich wollte es nicht glauben, aber bald standen wir vor ihm.

Am Himbeerschlag angekommen, nahm Franzi seine Muschel und markierte den suchenden Hirsch.

Schon erhob sich im dichten Zeug ein Hirsch, die Krone voller Enden. Im Feuer ging er zu Boden. Kaum war eine neue Patrone im Lauf, erhob sich der Hirsch. Zweiter Schuß. Er lag... und kam wieder hoch... dritte Kugel. Er fiel. Das wiederholte sich bis zur letzten Brenneke. Erst dann war's endgültig aus.

Ein gutes, nein, ein sehr gutes Geweih hatte Alfred erbeutet, und ich freute mich mit ihm, wußte ich doch, daß er nicht mehr lange jagen würde.

Nun war es wieder an mir. Der Hirsch mit der achtendigen Krone war tot, und ein anderer wollte gefunden sein. Ein Tag nach dem anderen verlief erfolglos. Die Brunft neigte sich dem Ende. Kaum meldete noch eine Stimme. Der letzte Tag brach an, und um drei sollte Franzi draußen sein und verhören. Um fünf erwartete ich seinen Bericht. Vier Hirsche schrien faul in einem weiten Kessel. Der, den wir gegen Wind anpirschen konnten, sollte es werden.

Im Schein der Taschenlampe ging es ohne Rücksicht auf Krach durch hohen Tannenbestand. Bei Tagesanbruch stand er in Nähe einer Alm, und obwohl wir wußten, daß ein alter Hirsch hier nicht austreten würde, hielten wir die Stellung. Es kam wie erwartet, er zog rückwärts über den Kamm... Stille. Nichts rührte sich. Langsam wurde es hell.

Was tun? Aufgeben kam nicht in Frage. Da scholl es aus dem Tal herauf. Ein kleines Rinnsal brachte uns nach unten. So schnell, wie es hätte sein müssen, ging das natürlich nicht. Kein Stein durfte klappern oder ins Rollen kommen. Schwemmholz nicht brechen. Es gelang. Und dann zischte Franzi und wies nach vorn: „Hirsch“! Da stand ein Schmaltier und äugte in unsere Richtung, und hinter ihm verhoffte, gedeckt hinter einer dicken Tanne, ein Hirsch. Haupt und Träger verdeckt, mogelte er sich davon.

Er schien nicht mehr zu wollen, aber uns standen noch Stunden zur Verfügung, in denen ich noch einige Bergköpfe absuchen wollte, auf denen ein Hirsch gern sitzt und um sich sichert.

Zunächst sollte der große Kessel umrundet und abgesucht werden. Um besser hören und beobachten zu können, mußte Franzi zehn Schritt vor mir gehen. So war man freier. Die Sonne schien bereits, als ein junger Hirsch im Talboden seine Stimme erhob. Achter vom dritten Kopf, zu jung. Weiter lief die Pirsch.

Und dann war da ein Brummton in der Luft, der einem Ohrensausen gleichkam und nicht endete. Auf Befragen wies der Jäger auf ein Loch im Boden, hühnereigroß und graubraun, aus dem ein armstarker Strahl von Wespen himmelwärts startete und in den Baumkronen einen Dauerbrummton erzeugte.

Linkerhand jetzt eine steile Lehne mit Felsklötzen im lichten Bestand. Immer höher stieg die Sonne. Mücken und Fliegen wurden lästig. Die Hochzeiter schwiegen, lehnten in den Betten. Winkte oben am Kamm jemand? Hob und senkte sich ein Arm? Eine Stange war's, und was da winkte, war ein schlagender Hirsch, der eine schenkelstarke Fichte drei Meter hoch weiß polierte.

Satz nach vorn und Franzi packen, ihn ein Stück zurückzerren und einweisen. Die Entfernung paßte, aber das Ziel stand spitz von hinten, und der Schuß ins Waidloch schied aus. Abwarten hieß die Parole und um ein gutes Ende beten.

Ungerader Zwölfer. Rechte Stange fünf Enden, Stiefelknecht, rechts Viererkrone. Das Herz hämmerte, und der Hirsch schlug und polierte. Jetzt schob er los, immer spitz von hinten. Nichts zu machen. Langsam, aber stetig gewann er an Höhe. Baumangestrichen folgte ich im Zielglas, und als er etwas rechts abdrehte, das Abkommen die letzte Rippe faßte, bellte die Büchse. Als ginge ihn es nichts an, zog er weiter, ruhig und ohne Zögern.

Bäume deckten ihn und verboten eine zweite Kugel. Franzi schüttelte mit dem Kopf, als wollte er sagen, den sehen wir nie wieder. Es sah ganz danach aus, so ruhig zog er dahin.

Wir warteten die übliche Zeit. „Hirsch nix kaputt" wiederholte der Jäger mehrmals. Ganz langsam verklang die Aufregung, beruhigte sich der Herzschlag. Der Aufstieg begann. Da war die weißpolierte Fichte. Ein Stück weiter Eingriffe ohne Pirschzeichen? Etwas weiter Schweiß, dunkler von Leber, heller von Lunge, eine handbreite rote Fährte. Dennoch blieb Franzi weiter bei seiner Behauptung „Hirsch nix kaputt!" Mir konnte er nicht mehr imponieren.

Bald sahen wir oben am Grat eine Stange aus dem Bewuchs ragen, die mit jedem Schritt dicker wurde, und als wir bei ihm standen, in die armstarken Stangen griffen, sagte der Jäger gelassen

„Zehn Kilo hat er!“ Stangenumfang oben und unten jeweils 18 Zentimeter, 106 lang, Augsprossen 48.

Am Markt in Teschen sollte uns der Dolmetscher erwarten. Als Treffpunkt diente ein nettes Wirtshaus mit guter Atmosphäre und freundlichen Gästen. Bei guter Unterhaltung trällerte ein hübsches blondes Mädchen ins Lokal, Figur und Gang wie ein Schmalreh. „Das ist meine Blutgruppe“, so mein Begleiter. Sie steuerte uns an. „Kommen die Herren aus Deutschland? Ich soll Ihnen sagen, daß Ihr Dolmetsch in zehn Minuten eintreffen wird.“ Sie verneigte sich und schwebte davon. Zurück blieb ein Hauch von Frühling und Veilchenduft.

Es kam der Dolmetsch, ein ruhiger, sympathischer Mann, Diplom-Chemiker, der seinen Urlaub mit Jagd verleben wollte. Ruza Rozaniecka hieß das Ziel nahe der russischen Grenze, wo uns in der abseits gelegenen Försterei die Gastgeberin empfing. In einem Meer blühender Astern und Zinnien stand die blondgelockte, blauäugige Endzwanzigerin und strahlte wie die Morgensonne.

Rundum dunkler Kiefernwald. Marias Arbeit bestand aus Wald und Holz, während Rellek, ihr Mann, nur für die Jagd zuständig war. Marias Revier, ein reines Kahlwildgebiet, wurde nur in der Brunft von Hirschen aufgesucht. Kiefern und Heide, Heidel- und Preißelbeeren, mehr bot der Sandboden nicht. Geregnet hatte es lange nicht. Jeder Schritt knisterte im Dürrmoos und den Trokkennadeln.

Im Flachteich des Hofes mußten allstündlich die Karpfen übergossen werden, deren Flossen aus dem Wasser ragten. Auch die Hunde wollten zur Ordnung gerufen sein, wenn sie das Hühnervolk in die Lüfte jagten.

Am 23. September warfen uns um Mitternacht die Hirsche aus dem Bett. Ein gewaltiger Chor erhob seine Stimmen vor dem Fenster. An Schlaf nicht mehr zu denken.

Der alte Heideweg führte zum großen Moor, und in aller Herrgottsfrühe horchten wir in den Kusseln zwischen Schilf und Binsen. Als der Morgen graute, baumten einige Große Hähne mit Getöse auf. Rehe schreckten. Es fror. Langsam lösten sich Busch und Baum aus Graudunst und Nacht.

Im Sternverblassen schwoll das Konzert zum Fortissimo, zitterte der Wald von Bass und Tenor. Leises Knistern im Reifgras. Ein Zweig bewegte sich, und im Gebüsch zog ein Hirsch, junger Zehner vom dritten bis vierten Kopf. Als Birkhähne die aufgehende Sonne anbeteten, ließ sich hinter einem Hügelkopf eine gute Stimme hören, die sich lohnte anzugehen. Im Schutz von Jungfichtenhorsten ließ sich das ganz gut machen, und vom Hügel hatte man Einblick ins Vorgelände. Auf Anfrage stand der Hirsch sofort zu und rannte uns fast um, wich aus und verduftete.

Für den Nachmittag wählte Rellek das Jagen 6, in dem eine Kanzel am Wiesenrand stehen sollte. Diese „Ambonna“ war ein über zwölf Meter hohes turmartiges Gebäude, auf dem acht Mann Platz fanden. Die Brüstung war für den sitzenden Schützen zu hoch und für den stehenden zu niedrig. Schon bei leichtem Wind kreiste das Ding beachtlich, weil es an lebenden Kiefern hing.

Man tat gut, nicht an Schießen zu denken. Unten wucherten Erlen, Birken und Binsen, kaum was zu sehen. Lange hielt ich das da oben nicht aus und war froh, als ich wieder festen Boden unter den Füßen hatte.

Dick vereist am anderen Morgen die Fenster, aber der Wald brodelte von Hirschen. Über nachtschwarzen Wipfeln ein phantastischer Sternenhimmel, ein Blinken und Leuchten, märchenhaft. Zwei Hirsche lieferten dazu passende Musik. Sie schrien, als seien sie allein auf der Welt, beschimpften einander und kriegten sich in die Wolle.

Als die Geweihe aneinanderknallten, pirschten wir drauf zu, und als man sie riechen konnte, legte ich Rellek ab und ging sie an. Dürrholz stob, Sand flog, die Körper dampften. Mit verhakelten Geweihen schoben sie sich vor und zurück. Rotunterlaufen die Lichter. Weißer Schaum an den Äsern. Kreistanz, Sturz. Einer lag am Boden mit halbverdrehtem Genick. Nur noch ein kleiner Ruck, und der Kampf war entschieden. Schwer atmend verharrte der obere am Ende seiner Kraft. Sofort nahm sich der untere auf und stürmte davon. Der andere schüttelte die Muskulatur, reckte sich und attackierte wütend die Krone einer geworfenen Kiefer. Dann zog auch er steifbeinig ab.

Für den Nachmittag war draußen auf den Fischteichen eine Wasserhuhnjagd vorgesehen. Man stellte mich auf eine schmale Landzunge, die weit ins Wasser reichte, mit dem Vermerk, so zu schießen, daß die Vögel auf Land fielen, weil kein Hund zur Verfügung stand.

Auf den Hebeschuß klapperte eine kleine Wolke schwarzer Vögel in die Luft, verstrich über den Wald. Ein Teil kam später zurück, zog Kreise, machte große Bögen und näherte sich. Neunmal sprach der Drilling und warf acht Bläßhühner auf die Zunge.

Der Abend fand uns in einem Sumpf jenseits der Teiche. Drei Hirsche meldeten bereits, als wir ankamen. Es war ein stiller Abend mit Mückengesirr. Bei aufgehendem Mond zog Kahlwild aus. Ein Schnepf wurmte in der Wiese. Bald mauste irgendwo ein Fuchs. Enten paakten, und dann trat ein Hirsch aus, zog zum Rudel und tat sich nieder. Aufkommender Nebel deckte bald die Wiese und beschloß die Sitzung.

In der Nacht des 27. September schrien die Hirsche, daß die Betten wackelten. Schon um drei wanderten wir durch ein von Mondlicht verzaubertes Land. Dunkle Wacholder am Wegrand wurden zu Räubern und Wegelagerern. Kein Lüftchen rührte sich. Nur der Kauz rief und verzog sich bei dem lauten Gesang der wilden Hochzeiter. Gegen fünf fiel ein Großer Hahn über uns ein, worgte kurz und ritt erst bei Tagesanbruch ab.

Rauschenden Fluges, unter lautem Rufen durch die Luft rudernd, ein Kolkrabe jetzt, der kreisend Alarm schlug und binnen kurzem 15 Artgenossen um sich versammelte. Ihre baldige Landung ließ Beute am Boden vermuten.

Inzwischen hatten sich zwei Hirsche verkracht. Je näher sie sich kamen, desto energischer und lauter dröhnten sie sich an. Um ein brunftiges Tier schien es zu gehen. Wir gingen drauf zu, querten weißsandiges Dünengelände mit frischgefegten Bankskiefern, Eingriffen und einer Menge Fährten, um schließlich in Deckung zu verharren. Taghell war's inzwischen und Geweihgeklapper hörbar. Goldhähnchen huschten im Gezweig, und dann brach es laut. Dürrholz splitterte. Sprengruf. Der Kampf schien entschieden. Nichts rührte sich. Stille...

Im Blaudunst des goldgrünen Morgens tänzelte ein gertenschlankes Schmaltier über die Dünen. Ihm folgte bald in hoher Fahrt ein Hirsch mit hellendiger Becherkrone in linker Stange. Auffallend graugelb die Decke, Masse vorn, und dann sah man dort, wo die Kugel einschlug, ein weißbläuliches Wölkchen aufstäuben, das auch Rellek auffiel. Ohne zu zeichnen war er weitergestürmt über die Düne weg in eine Kieferndickung.

Recht zuversichtlich folgten wir der roten Bahn. Leicht zu halten zunächst. In nadelholzübersäter Dickung wurde es kompliziert, wir mußten kreuz und quer suchen. Nicht, daß wir zu früh angegangen wären, nein, die übliche Wartezeit hatten wir am Anschuß verbracht. Schließlich hatte ich soviel Kiefernnadeln im Nacken, daß ich mich entschloß, mich ihrer auf dem Weg zu entledigen. Und als ich dort ankam, sah ich den Hirsch mitten auf dem Pfad liegen. Es war ein ungerader Vierzehner, rechts drei, links fünfendige Krone.

28. September. Über Wolfsspuren gebückt stand Rellek und studierte die nach nächtlichem Regen gut lesbaren Abdrücke im Sand. Sein Fernglas hatte er abgelegt, er kniete, um besser sehen zu können, vergaß das Glas und mußte später zurücklaufen, um es zu holen. Währenddessen trieb im hohen Heidelbeerkraut des Kiefern-Altholzes ein Hirsch und sprengte sein Rudel wild durcheinander. Aus weitoffenem Äser hing der rote Lecker, und dann knallte es. In alle Winde spritzte das Rudel und der Hirsch dicht an mir vorbei. Sollte P., der im Nachbarrevier jagte, dem Hirsch gefolgt sein? Richtig, da hinten ging er ja mit brennender Zigarre als sichtbares Zeichen des Erfolges. Nach Anruf steuerte ich ihn an. Geruch von Pulverdampf auf halbem Weg.

„Waidmannsheil!" – „Ich habe nicht geschossen, das waren Sie doch." Bei aufgeregter Diskussion stieß Rellek zu uns. Kurzer Bericht. Man merkte, daß er zweifelte. Erst nach Vorzeigen unserer blanken Läufe konnten wir überzeugen.

Ein Fremder hatte sich erlaubt, zwischen uns beiden Gästen zu schießen. Ein Tier dürfte er gemeuchelt haben und irgendwo im Beerkraut liegen. Während beide weiter sprachen, nahm ich Abschied, um nach einem Bock zu sehen, der vor einigen Tagen auf einer Kultur hochging. Am moorigen Rand kleine Sandschellen voller Fährten. Dumpf und träge meldete noch ein Hirsch. Schilf wogte. Im dunklen Wasser spiegelte sich ein heller Himmel. Wurzelkatzen griffen nach dem Fuß in suppendem Grund, und dann rumorte es in gilbender Segge, schnellte ein roter Wisch, der Bock. Kurz vor einem Seggenhorst fällte ihn die Kugel, einen hellstrangigen Rücksetzer, der die Jagd beschloß.

Was nun mit den restlichen Tagen anfangen? Roman empfahl den Besuch der äußersten Südostecke Polens, die landschaftlich besonders schön sein sollte. Über goldgrüne Berge, durch herbstbunte Täler führte die Reise. Almenumsäumt leuchtete das auf einem Hügel gelegene schmucke, nagelneue Wildmeisterhaus inmitten blauender Berge.

Nach Begrüßung lud uns der freundliche Oberförster, ein stattlicher, sympathischer Mann, in sein Haus. Von hellen Wänden hoben sich dunkelstangige, starke Hirschgeweihe, keines unter neun Kilo, ab. Bahnfertig wiegt der Hirsch vier bis fünf Zentner hier. Im Vorjahr brachte es einer sogar auf 635 Pfund. Sein Geweih hatte aber „nur" acht Kilogramm. Vor zwei Tagen fiel ein Kapitalhirsch, den wir anschließend besichtigten.

Der Erleger, blaß vor Schreck, ein Jungjäger hatte sich gleich bei seinem ersten Hirsch gewaltig übernommen. Das Malheur ist schnell erzählt.

Auf der Kanzel der Hochalm war's. Der Jäger hatte ihm gerade erzählt, daß ein älterer Hirsch bei gutem Licht nicht auf die freie Fläche treten würde, als ein Rudel Kahlwild erschien. Das Glas am Kopf, freute man sich über den guten Anblick und zählte die Stücke, dann war plötzlich ein Hirsch beim Rudel. Auf Befragen antwortete der Jäger, daß er sehr gut sei, und er konnte sich nicht satt sehen. Kurz darauf zerriß ein Schuß das friedliche Bild.

Das Rudel stob in alle Winde, und der Hirsch zog noch bis an den Waldrand, wo er zusammenbrach und lag. Glücklich der eine, sprachlos der andere. Aus dem sauren Gesicht des einen konnte sich der andere keinen Vers machen. Dem ging ein Licht auf, als er den fälligen Preis hörte, den seine schmale Brieftasche nicht schlucken konnte.

Wenn man ein Sechs-Kilo-Geweih will, kann man keinen Vierzehn-Kilo-Hirsch schießen. Der Wahn ist kurz, die Reu' ist lang!

Weiter weg jagten Hubert und Peter, denen man bei Vertragsabschluß große Versprechungen machte, die nicht gehalten wurden. Sehr wenig Kahlwild bot das Revier, und mit einem jagdbaren Hirsch war nicht zu rechnen. Als Schneider aber wollten beide nicht heimkehren. Sie beschlossen zu schießen, was sich bot. Hubert gelang es am letzten Tag, einen mittleren Zehner zu strecken, der würdig totgetrunken wurde.

Als vorsorgliche Jäger hatten sie genügend Stoff im Wagen, der für eine lange Nacht reichte. Man trank und sang bis in den jungen Morgen. Mittags fehlte Hubert. Haus, Stallung und die nähere Umgebung wurden eingehend abgesucht. Kein Hubert. Man schaltete die Polizei ein. Keine Spur. Menschenraub? Hin und her wurde geraten. Nichts.

Hubert fand sich am Friedhof wieder und glaubte, man habe vergessen, ihn zu beerdigen. Unter Stroh auf einem Panjewagen lag er, einen Spaten neben sich, von dem er annahm, sich mit ihm sein Grab schaufeln zu müssen. Ihm war so wirr im Kopf, daß er ernstlich an sein Ende glaubte. Zunächst hast du nun mal richtig zu sterben, dachte er und schlief wieder ein.

Taunacht schauerte herauf. Da kam er, stutzte, beugte sich über ihn mit kralligen Händen und schüttelte den Schläfer, der sich in Teufels Hand wähnte und es still über sich ergehen ließ. Dann rollte der Leichenwagen in die Finsternis des Jüngsten Gerichts. Gegen Mitternacht Auferstehung in der Oberförsterei.

Nach durchzechter Nacht hatte sich Hubert im Stroh des auf dem Försterhof stehenden Wagens eingeschoben und war dort eingeschlafen. Am nebligen Morgen spannte der alte Waldarbeiter seinen Zossen davor und fuhr zum Holzrücken in den Wald, stellte sein Fahrzeug am Friedhof ab und erschrak bei seiner Rückkehr über den Halbtoten im Stroh.

Ungarn

Breitbandig lagerte über Domdämmer alter Fichtenmütter das Morgenrot, schrägte beidseitig des brombeerverrankten Hohlweges die tiefe Fahrspur und färbte sie blutrot. In sich zusammengesunken die Jagdgesellschaft auf rumpelnden Treckeranhängern, passierte sie Treiber nach Treiber, um beim achtzigsten abzusitzen. Die starke Wehr ließ hoffen, hier mußte Wild stecken.

Ohne viel Worte verlief das Abstellen der Schützen. Mir wurde ein Stand an einem Holzweg angewiesen, der sich durch einen Jungeichenbestand schlängelte. Schußfeld nur auf ihm.

Als angeblasen wurde, erhob sich im Dichten vorn ein Reh, schüttelte Tau und Nacht aus der Decke, reckte sich und zog bergwärts. Von schräggekrümmter Eiche falterte eine Eule ins düstere Gestrüpp. Häher rätschten an einer zur Schlucht abkippenden Schrägfläche, und dann leuchtete es rotbraun in flackriger Dämmerung der düstergrünen Blätterwand, ein Eissprossenzehner. Er verhoffte kurz, äugte rückwärts und schob sich weiter. Ein Schuß oben im Berg, noch einer, zwei, drei. Anhaltender Hundeblaff, langsam verklingende Stille. Bald wieder ein einzeln jagender Hund, nicht locker lassend, in lauter Hetze.

Kreuz und quer geht die Reise. Ein zweiter und dritter hängen sich an. An allen Ecken und Enden fallen Schüsse. Das Geläut nähert und entfernt sich, kommt zurück und wendet. Die Meute überschlägt sich im Gekeif, jagt einen Überläufer zu Tal, der um sein Leben rennt. Auf der schmalen Wegebahn erwarte ich ihn mit angebackter Büchse. Alles geht wahnsinnig schnell. Als der Schuß brach, deckte ein bunter Terrier den Kujel, den die Kugel mit Sicherheit faßte. Eine peinliche Dublette?

Jagdende kündet das Horn. Am Anschuß Rascheln im Laub, dumpfes Husten und Röcheln, Schweiß, und im Gebüsch der Terrier mit krummem Rücken. Weidewund!

Zum Fangschuß muß ich beiseite treten, Buchenloden decken ihn. Merkwürdig, wie sich der Hund benimmt, den Kopf senkt und zerrt. Er steht auf dem Überläufer und beutelt ihn, daß die Federn fliegen. Unfaßbar, daß er der Kugel entkam.

Ein dichter Jungbuchenkopf der zweite Trieb. Scharfer Wind in den Heistern. Kaum hörbar das Anblasen. Nicht anzunehmen, daß hier Wild steckt bei dem Sturm.

Dürrlaub raschelte, Gerten peitschten, kein Hund zu vernehmen. Hoffnungslos verstrich die Zeit. Die Nachbarn zogen den Hut ins Genick mit zum Wind gekehrten Rücken und froren vor sich hin. Nichts tat sich. Schließlich verließ einer nach dem anderen den Stand und strebte zum Frühstücksplatz.

Im Tal hockten aber noch zwei Schützen auf ihren Jagdstühlen, zwei ältere Herren, zwischen denen jetzt eine Sau zog, gut erreichbar für beide. Keiner jedoch rührte sich, und unser Rufen wurde überhört. Sticheleien am Feuer sorgten für Abwechslung, und dann verbellte am Einwechsel der Sau ein Hund. Andere fielen ein. Der dicke Max griff seine Büchse und preschte davon, dorthin, wo zwei Waldecken sich fast berührten. Mir bot sich ein Platz in der Nachbarschaft an einer kleinen Blöße in der Dickung. Kampflärm zwischen uns. Es war anzunehmen, daß die Sau an der Waldnase ausbrechen würde, um schnell aus der Deckung in die nächste zu kommen.

Jammervoll klagte jetzt ein Hund, und jäh brach der Krach ab. Ihn dürfte es hart erwischt und die Sau sich davon gemacht haben.

Ich hatte das Gefühl, auf falschem Posten zu stehen und wollte Stellungswechsel vollziehen, als es unweit von mir brach und ein Hund zornig knurrte. Zu sehen nichts. Verstärkung traf ein, es wurde lebendig im Busch. Eine unvergeßliche Musik setzte ein. Die Meute überschlug sich im Gekeif. Dann flog ein Terrier durch die Luft. Das Buschwerk teilte sich, und ein Trumm von Sau, gedeckt von fünf Hunden, schob sich heraus.

Obwohl sie blitzschnell focht und blutige Schmisse verteilte, wurde sie die giftigen Hunde nicht los. Ihretwegen ließ sich keine Kugel anbringen, zu groß die Gefahr, einen davon ins Jenseits zu befördern. Immer heftiger der Kampf. Wieder erwischte es einen Hund. Mit hängendem Gedärm kroch er zur Seite. Leicht ernüchtert traten die Kampfgefährten ein wenig zurück, gaben den Hals der Sau frei; eine Kugel warf sie im Feuer zusammen.

Augenblicklich saß ihr die gesamte Meute an der Schwarte, rupfte und beutelte, knurrte und biß. Ein wüstes Durcheinander, jeder schnappte jeden. Selbst mich nahm die Bande an, als ich herantrat. Fingerlang ragten die Gewehre aus dem Gebrech, und dann stand der dicke Max neben mir: „Ein Klavier von Schwein!"

Als der letzte Trieb begann, krochen schon dunkle Schatten aus den Tälern. Der Wind hatte sich gelegt, und es war nicht mehr so kalt. Gedämpfter Hornruf. Langsam löste sich ein Hase aus der Dickung, hoppelte den Weg entlang, baute einen Kegel, spielte mit den Löffeln und putzte sich.

Wie schlaffe Arme hingen die Vorderläufe von der Brust. Die goldbraunen Seher musterten das unbekannte Etwas auf dem Dreibein.

Makellos wie ein Opferlamm saß der Krumme nun da, um sich bald wieder auf die Läufe zu machen. Nachdenklichkeit zwingt zur Achtung der Natur, die erlebt sein will. Jagd besteht nicht nur aus Schießen.

Und dann ein Doppelschuß an der linken Flanke, noch einer, Hundeblaff. Ein angehendes Schwein und zwei Überläufer lagen auf der Strecke. Der Keiler, erstes Stück Schwarzwild eines Jungjägers, brachte ihn völlig aus der Fassung. Immer wieder erzählte er, wie die Sau völlig unerwartet vor ihm stand, er aus der Hüfte schoß und die Sau blitzartig zusammenbrach.

So soll es sein, und wir alle freuten uns über sein Waidmannsheil und tranken den Keiler im Kuppelsaal des Esterhazyschen Jagdschlosses tot und töter. Sprühender Brand, lodernde Flammen und tanzende Kringelschatten von Hirschgeweihen an den Wänden. Gesang froher Jäger. Es ist so schön, ein Jägersmann zu sein.

Meine Nachbarn, ein ungarischer Berufsjäger der eine, ein Kommisar der andere, erzählten von Wild und Jagd. Der Jäger sagte, daß er in einem Jahr zwölf Luchse gefangen habe. Als er mein bedenkliches Gesicht sah, wollte er sie mir zeigen und bat mich, ihm in sein Haus zu folgen. Wir gingen hinüber, und man kam aus dem Staunen ob der Schönheit all der Bälge nicht heraus. Der Fang sei einfach, wenn man die Gewohnheiten des Luchses kenne.

Von Beruf war er Förster und Pole von Geburt. Wie er denn nach Ungarn käme?

Einsam und verlassen lag sein Försterhaus draußen im Wald. Fleisch war seinerzeit Mangelware und Wilderei an der Tagesordnung. Als Beamter hatte er staatliches Eigentum zu schützen, und es kam, was kommen mußte. Eines Tages stand ihm ein Mann mit geschwärztem Gesicht gegenüber, Gewehr im Anschlag. Der Geschwindere war der Gesündere, und das war er. Den schwarzen Mann ließ er unter dem Wurzelteller einer Windwurf-Altfichte verschwinden, sägte den Stamm ab, und der zurückklappende Wurzelballen beschloß die Beerdigung. Der stärkste Bär konnte nicht an ihn heran.

Im Laufe der Zeit lichteten sich die Reihen der Männer in den Walddörfern. Verdacht kam auf und fiel auf ihn. Zwar hatte er reinen Tisch gemacht, aber nun war er dran. Höherenorts nahm man sich seiner an und schob ihn nach Ungarn ab. Zu bereuen sei nichts, sagte er, und zu befürchten habe er auch nichts.

Als wir zum Schloß zurückgingen, fror es. Vom sternübersäten Himmel riefen Wildgänse. Froher Sang der Zecher klang herüber. Wer sich nicht um vollen Jagdgenuß kommenden Tages bringen wollte, für den hieß es, sich aufs Ohr zu legen.

Als es tagte, blühten Eisblumen an den Fenstern. Die Hörner riefen, Hunde bellten, und nach dem Frühstück ging es auf.

Morgenrot. Der Horizont schwamm in Blut. In sich zusammengesunken die Jägerschar auf hartem Ackerwagen. Vorn kommandierte der schlitzäugige Kommissar mit dem großen Rotstern an der Mütze, bei dessen Anblick die Treiberschar zitterte.

Im Hohlweg oben ließ er absitzen. Beidseits felsbrockenübersätes Steingelände. Abstellen der Schützen. Der Dicke auf der Kanzel wurde mein Nachbar. Eine unübersichtliche Buchenverjüngung vor uns mit wenig einsehbaren Lichtungen. Die meisten Schützen standen an einer kilometerlangen, breiten, steinigen Schneise. Braunes Blattwerk raschelte an dürrem Gezweig, und graues Gewölk bezog den Bluthimmel. Fernweg wimmerte jetzt das Horn. Der Hebeschuß fiel. Totenstille nun über lange Zeit.

Allmählich kam Leben in die Dickung, Hunde bellten, Wild prasselte. Dreimal schoß der Hochsitzmann. Rechts und links knallte es, laut jagte die Meute. Es war eine Lust zu leben.

Dann Stille. Mir ging das Reiterlied „Morgenrot“ durch den Sinn mit einem eigenartigen Gefühl von Traurigkeit. Rief da jemand? Der Nachbar. „Kommen sie sofort zum Sammelplatz.“

Ganz unten auf der Steinschneise stand eine Gruppe zusammen. Einige bückten sich und richteten sich wieder auf. Mir schwante Ungutes, und ich beeilte mich.

Da lag der Kommissar am Boden, kalkweiß die Lippen, der Blick gebannt. Mit Hemdenfetzen versuchte man das hochaufspritzende Blut aus einer faustgroßen Wunde des Oberschenkels zu stillen. Wie tot lag er da und rührte kein Glied. Nach Anlage eines Notverbandes trug man ihn zum Wagen und transportierte ihn ins Krankenhaus. Auf der Steinschneise gab es einen Abpraller von einem Schuß, der dem Fuchs galt.

Sofort wurde die Jagd abgeblasen und wir nach Hause geschickt. Die Anzeichen standen auf Sturm. Daß es den Kommissar treffen mußte, schien verdächtig. Man konnte uns einen Prozeß machen und zunächst mal einsperren. Die Jagd für den kommenden Tag wurde abgesagt. Am Abend fuhren Autos vor und brachten uns zur Polizei. Bei manchem von uns wurden Erinnerungen wach, und wir waren auf alles gefaßt. Wie nicht anders zu erwarten, ließ man uns zunächst mal lange warten. Schließlich trat mit ausdruckslosem Gesicht ein Uniformierter mit riesigem Rotstern an der Mütze ein und verwarnte uns. Er sprach laut und hart, aber ungarisch. Fahrlässige Handlung! Morgen wird weiter gejagt.

Ein schwerer Stein fiel uns vom Herzen. Jubel und Heiterkeit aber kamen nicht auf, zu tief saß der Schock. Der Mann hatte recht, und der Schütze hätte gut getan, sofort abzureisen.

Als anderentags die Sonne lachte, die Hunde bellten und diamantene Tautropfen an Blatt und Halm funkelten, wich die Last der Kümmernis.

Eine grobe Sau überfiel beim Nachbarn die Schneise. Zwei Schüsse brachen, und am Abend lag wieder ein Dutzend Sauen auf der Strecke.

Ein Jahr später, als die Krammetsvögel in den goldbunten Wäldern Ungarns schäkerten, galt es dem rülpsenden, weißgepunkteten Damschaufler. Im Goldsegen der Getreidefelder tummelten sich Dutzende rostroter Hirsche, ästen vertraut und still vor sich hin. Erregender, aufregender Anblick!

Über die prallen Decken und starken Geweihe freuten sich die Heger, und die Colchosleute, ehemalige Bauern, waren nicht böse. Was interessierte sie die Ernte und der Ertrag? Man bekam seinen geringen Lohn so oder so und hatte obendrein weniger Arbeit. Mochten die Hirsche vorernten!

Bienen und Hummeln summten über Wildrosen. Ringler rukksten, Turtler schnurrten, heiß schien die Sonne. Durch lichten Eichenwald schlängelte sich der Weg über eine üppige Bodenflora von Klee und Kräutern. Frische Schlagstellen an Hasel und Holunder, und dann ein Schaufler in seiner Brunftkuhle. Das vor ihm knieende Tier übersah er teilnahmslos.

Silbergraue Eichenstämme hoben sich vom dunkelgrünen Hinterland. Goldgelbes Laub segelte zu Boden. Seidigblau der Himmel, und wo das Tal beginnt, meldete ein Tenor. An eine Alteiche gelehnt, beobachteten wir das Treiben. Ameisen huschten über ihre sperrige Rinde.

Klatschend landete ein Hirschkäfer am Stamm, und ein kupferroter Eichkater kobolzte durch oberes Astwerk. Man saß und berauschte sich am Konzert der Hirsche, lauerte und verlodderte die Zeit, anstatt weiter zu pirschen.

In Düsterhelle eines dichten Busches jetzt ein Althirsch mit starken Stangen, schmalen Schaufeln und pfriemartigen Augsprossen. Das wär doch einer, oder?

Noch nicht! Erster Jagdtag. Erste Stunden! Sehen! Erleben! Den Damen gegenüber verhält sich der Damhirsch kühl, frostig, abweisend. „Frag' später wieder nach! Zur Zeit bin ich müde!"

Sein Vetter, der Rothirsch, benimmt sich dagegen wie ein Kavalier, singt sein Lied und bleibt dran.

Dunkler färbten sich die bunten Decken von Hirsch und Tier, und als das Licht nicht mehr reichte, setzten wir uns ab, spannen auf der Rückfahrt buntes Garn und waren für den übernächsten Tag zur Hochzeit eines der Jäger geladen.

Frauen schleppten am Vormittag Berge von Brot und Kuchen, Fleisch und Geflügel, Wein und Schnaps zum Hochzeitshaus.

Andere Geschenke kannte man nicht. Es war immer so, und jede gab, soviel sie konnte. Tische und Bänke unterm Vordach des Hauses bogen sich unter der Last von Speisen und Getränken.

Teller klapperten, Gläser klirrten, das Fest begann. Unter den Tischen auf dem Hof rannten Hühner und Enten, spielten Hund und Katzen. Auf der Wiese brüllten Kühe, plärrten Schafe. Landluft, erfüllt von Stall und Mist, würzte die Luft. Man sprach mit vollem Mund und schmatzte zum Zeichen wohligen Befindens. Anfallende Knochen flogen unter den Tisch, woraus sich Beißereien zwischen Hund und Katzen ergaben und man Sorge für die Beine tragen mußte. Schnaps und Wein sorgten für glatte Einbringung der Ernte. Langsam stieg die Stimmung, und als eine Gruppe knebelbärtiger Zigeuner aufspielte, war alle Haltung dahin.

Was in Haus und Küche beschäftigt war, stürzte auf den Hof. Mochte anbrennen, was wollte, der Csardas rief. Rote Röcke flogen, schwarze Langschäfter stampften, ein Volk stand auf. Man jubelte und jauchzte, sang und schrie bis zur Braunröte.

Rotnasige Puter stolzierten über die Tische. Gackerndes Hühnervolk scharrte in Fleisch- und Gemüsetöpfen. Ein kleiner gelber Hund verschwand mit einer Bratente. Gläser kippten, klirrten, zerbrachen, und die Stimmung erreichte den Höhepunkt. Was bald folgen würde, ließ sich erahnen. Nahkampf... Wir machten uns deshalb aus dem Staube. Der Schlaf forderte obendrein sein Recht, und an Frühpirsch konnte man nicht mehr denken.

Am Abend ging es weiter. Wir saßen zwischen dem Bürgermeister und dem Parteigewaltigen, hatten uns vorgenommen, nicht über Partei zu sprechen und wurden doch ins Gespräch gezogen. „Wissen Sie“, begann der Parteimann, „wir Ungarn sind in erster Linie Ungarn, und dann kommt eine ganze Weile gar nichts, danach erst die Partei.“

Ein Streit, der draußen zu Handgreiflichkeiten ausartete, unterbrach das Gespräch. Stühle flogen, Tische kippten, Weiber schrien, und die Männer rauften. Jeder schlug auf jeden. Frauen mit offenen Haaren suchten ihre Männer vom Kampfplatz zu ziehen und mußten unter Schlägen und Tritten den Rückzug antreten. Die Lautstärke des Gefechtes ließ sich nicht verstärken. Es war einfach grotesk.

Im kleinen Häuschen auf dem Hof mit dem Herzen hing ein dicker Mann in der Brille. Nur Kopf mit roter Stupsnase lugte zwischen seinen Langschäftern heraus. Wer sich mit gepreßten Gefühlen näherte, prallte fluchend zurück. Als die Zigeuner zum Brauttanz aufspielten, trat Ruhe ein. Für ein Trinkgeld durfte jeder mit der Braut tanzen und bekam einen Kuß von ihr dafür.

Nach dieser Unterbrechung wurde weitergekämpft und das restliche Mobiliar zerkleinert. Die Schlachtordnung hatte sich geändert, jetzt schlug sich Familie gegen Familie.

Gegen Mitternacht verließen wir den Kampfplatz, um am Morgen einsatzfähig zu sein. Eine Stunde später aber wurden wir geweckt, aus den Betten gezerrt und zum Weiterfeiern auf der Straße aufgefordert. Die Zigeuner spielten, wir tanzten und sangen bis zum späten Nachmittag.

Die Abendpirsch fiel ins Wasser und die am kommenden Morgen verschliefen wir.

Kühl gab sich der Abend, und wie toll meldeten die Hirsche. Aber es war kein passender dabei.

Am vorletzten Tag auf einer langen Waldwiese endlich ein starkes Rudel mit einigen Halbschauflern und einem guten Hirsch. Der sollte es sein. Aber wie rankommen? Von hier aus ging es nicht, aber von der anderen Seite aus müßte es sich machen lassen.

Als wir dort waren, traten erste Stücke aus. Knieper scherzten, Kälber tollten, Alttiere sicherten. Der Tanz des Jungvolkes rief Erinnerungen an die letzte Nacht wach. Die csardas-zuckende Ilonka, die strahlenäugige Piroschka, das Nachtgefecht! Es wurde Zeit, der wogenden Gesellschaft den Weg abzuschneiden und sie irgendwo abzufangen.

Die Umgehung gelang, und dann standen wir vor dem dreißig Kopf starken Rudel. Der Schaufler mittendrin. In dem Gedränge war ihm nicht beizukommen. Ohne Rast zog das Rudel weiter und tauchte hinter einer anderen Waldwand ein. Wieder hieß es, die Läufe in die Hand nehmen. Den Jäger zurücklassend, versuchte ich es allein und hatte nach schweißtreibender Pirsch die Gesellschaft bald wieder vor. An einer Stelle, über die vor Jahren Feuer gelaufen sein mußte und auf der jetzt zartes Grün auf kohligem Brandboden wucherte, verhielt das Wild im Äsen.

Minuten versickerten in Goldgrün und lichtblau. Gurren der Turteltauben rundum. Ein rostroter Fuchs. Dumpfes Schrecken eines Alttieres! Alle Häupter gingen in die Höhe. Alarm! Der Schaufler schälte sich aus jenseitigem Waldesdunkel und zog frei über die Langwiese.

Aus dem Deckung bietenden Schilfhorst schob ich Halme beiseite, ging in freihändigen Anschlag und ließ fliegen. Das Rudel explodierte und raste nach rechts. Es nahm den Schaufler mit, der kürzer wurde, sich links absetzte und am Waldrand zusammenbrach.

Nun galt es, Rudi zu Schuß zu bringen, dessen Ansprüche nicht groß waren, weil es sein erster Hirsch werden sollte.

Zu dritt zogen wir am anderen Morgen los, pirschten stundenlang durch den Wald, über Berge und Täler, und waren gegen Mittag so müde, daß wir uns bei aufkommender Hitze einfach hinfallen ließen. Herrlich kühl das feuchte Moos im Waldschatten. Mücken sirrten, Tauben buhlten, und bald träumten wir von meldenden Schauflern. Die Zeit stand still. Nichts rührte sich. Traumnebel...

Jäh riß uns ein Schrei aus tiefem Schlaf. Ein Hirsch in nächster Nähe! Wir fuhren hoch, sahen uns fragend an, doch Rudi erfaßte blitzschnell die Lage und die Büchse. Er schoß, ohne daß wir sahen, worauf. Dann sprang er auf und lief dem Wild nach. Wir hinterher.

Die rotierenden Gewaltkeulen des 90-Kilo-Mannes, der, wie ein Nashorn den Busch durchpflügend, alles niederwalzte, zwangen uns vor Lachen zum Kurztreten. Wir verloren ihn aus den Augen. Da knallte es abermals. „Jetzt hat er einen zweiten Hirsch befunkt, das gibt Ärger“, sagte der Jäger.

Als wir beim Schützen ankamen, lag er, am Ende seiner Kraft, auf seinem Hirsch und hielt ihn festumschlungen. Sein Herz tobte, die Lunge pfiff, und wir verfolgten mit Besorgnis seine Aufregung.

Der überreife Althirsch mit schmalen Schaufeln und dicken Tragstangen wog alle Mühe auf und bot Grund zur Freude.

Nach erfülltem Abschuß standen uns noch einige Tage zur Verfügung, die ich einer Wildgans opfern wollte, weil sich bislang

Der ungarische Schaufler.

keine Gelegenheit dafür bot. Paul, unser Jäger, hatte unten in der Puszta einen Onkel, der große Teiche verwaltete, an denen Gänse brüteten und Standwild waren.

Zunächst sprachen wir beim zuständigen Förster vor, der mir eine Flinte Kaliber 20 und zehn abgegriffene Patronen übergab. Skeptisch sah ich beides an und versprach mir wenig davon. Kaliber 20 auf Gänse? Und die alten Patronen? Naja. Bald schimmerte Onkel Karls Hütte durch ein Sonnenblumenfeld. Enten klingelten, Schwalben segelten über das Wasser. Wir waren da.

Der alte Onkel, sichtlich erfreut über unseren Besuch, hielt eine lange Rede, von der wir wenig verstanden. Wir wollten raus. Aber zuvor mußten wir noch essen. Nach Fischsuppe und Entenbraten war es endlich soweit. Zwei Schützen sollten das linke Ufer besetzen, und für mich hatte man einen Posten an einer Blänke inmitten des Schilfmeeres vorgesehen.

Eine Wolke von Mücken begleitete meinen Vormarsch. Ein Schof Enten erhob sich nach dem anderen. Wasserhühner und Taucher, verschiedene Reiher und Schnepfenvögel standen auf, und als ich mich der besagten Blänke näherte, donnerten ganze Geschwader von Gänsen davon, formierten sich zu Keilen und verschwanden am Horizont.

In einer ins Wasser reichenden Schilfspitze wurde schnell ein kleiner Schirm geflochten. Vögel sangen, Mücken sirrten, bald furchten Enten und andere Wasservögel aus dem Schilf, riefen Wasserhühner, und Mauersegler schossen über die Rohrwildnis.

Nach einer halben Stunde etwa fernes Gick-Gack, das allmählich deutlicher wurde. Sie kamen zurück. Schon kreisten sie hoch oben am Himmel, besprachen die Landung und spiralten langsam, aber stetig tiefer.

Immer lauter wurde das Krakeelen, und dann fielen die ersten ein. Ein zweiter Schof folgte. Sehen konnte ich nichts. Als wieder einer anflog, riß ich Funken und staunte, als die Gans die Schwingen anlegte und tot aufs Wasser klatschte, so daß der zweite Schuß in Vergessenheit geriet.

Königshütte

Obwohl ein stattliches Haus, trug das Gebäude den Namen Hütte. Sie lag auf einem Berg und zwanzig Meter tiefer ein Teich. Einen Büchsenschuß weit über das Tal hinweg befand sich auf einem anderen Kopf eine Salzlecke, an der tagsüber häufig Rot- und Muffelwild stand und guten Anblick bot. Buchen- und Eichenbestände rundum. Fährte bei Fährte im Lehmboden, aber nur junge Hirsche. Auf Antrag wies man uns ein anderes Revier zu, das abseits von Visegrad lag.

Der Heger, ein zierliches kleines Kerlchen, sprach kein Wort deutsch und rauchte eine Zigarette nach der anderen. Um den Wind zu prüfen, streckte er den Arm weit von sich, nickte zufrieden mit dem Kopf und stiefelte weiter. Der Dolch röchelte im Stiefelschaft. Ohne ihn geht man nicht aus. Er sei auch in der Kirche gut. Jedes Dorf hat seine eigene Art, mit dem Messer umzugehen, aber nirgends wird unter den Gürtel gestochen. Teufel, Teufel!

Gemüsebeete im Vorgarten. Dahinter eine weite Wiese mit einem hohen Heuschober. Ringsum Wald. Das nahe Gutshaus hatten die Russen niedergebrannt.

Nieselregen am ersten Abend. Dennoch setzte ich mich in einen Strohhaufen am Gartenzaun. Die vielen Fährten in der Runde ließen hoffen. Keine Mißgeburt menschlichen Erfindungsgeistes störte den Frieden. Lichtschein des Zimmers fiel auf die Gemüsebeete. Um neun erlosch das Licht. Mitunter sah der Mond durch graues Gewölk. Nichts tat sich.

Doch dann schien am Waldrand ein dunkler Klumpen zu stehen, der auch im Nachtglas nicht anzusprechen war. Ob er vorher schon da war oder nicht, konnte ich nicht entziffern. Nach einiger Zeit wurde er aber doch lebendig und bewegte sich in Richtung Wiese. Trotz schlechten Lichtes ließ sich ein gewaltiges Geweih erkennen. Starke Stangen, Ende bei Ende, schätzungsweise über zehn Kilo. Mir war sofort klar, der verlangte eine dicke Brieftasche und schied aus. Als er in Dunst und Düsternis eintauchte, trieb es mich ins Haus. Rudi schlief schon. Er wurde geweckt und mit der Neuigkeit bedacht. Die Aussicht auf einen alten Hirsch schien gegeben.

Über Tag pirschten wir. Oft stand der kleine Heger mit ausgestrecktem Arm und brennender Zigarette, prüfte kopfnickend den Wind und stiefelte weiter. Einige Male glaubten wir, passendes gefunden zu haben, aber das Alter genügte uns nicht. Ob der Mond helfen konnte, war die Frage. Der Heuschober auf der Hauswiese bot sich an. Eine lange Leiter führte nach oben, und ein überdachtes Nest, ein Lichtschirm gegen den Mond, war schnell gerichtet.

Daß hier allnächtlich Betrieb herrschte, sah man dem pilzförmigen Heuhaufen an. Über einen Meter tief hatte das Wild ihn ringsherum ausgehöhlt, so daß er einem Pilz ähnelte, einem dikken Stiel mit Hut.

Die Nacht brach an. Weich und bequem das Nest. Mäuse raschelten und piepsten. Eine Eule umstrich des öfteren die hohe Warte. Es wurde kälter und fror. Bald versilberte Reif das Land.

Langsam verrann die Zeit, und das Licht im Hegerhaus verlosch. Dann kletterte der volle Mond aus schwarzem Geäst und spielte mit geisterhaften Langschatten. Lautlos wechselte gegen zehn ein Keiler über die Wiese, dem bald Rotwild folgte, das sich über lange Zeit unter mir durch Rupfen bemerkbar machte. Weit auseinandergezogen äste es sich danach über die Wiese.

Gegen Mitternacht wechselte ein Hirsch an, ein Jungmann mit entsprechenden Untugenden seines Jahrgangs. 16 Enden schien er zu tragen und Spaß am Spiel zu haben. Er verstand es, den Schober in kreisende Bewegung zu versetzen und mich zu beunruhigen. Ich malte mir den Platz aus, auf den ich beim Zusammenbruch meines Pilzes fallen würde und trug entsprechende Vorsorge. Etwas Hoffnung bot die Leiter hinter mir, die als Stütze gegen einen Fall herhalten mußte. Mal drehte sich das Karussell rechts, dann links herum. Der Bursche schien zu wissen, daß er einen Jäger schaukelte. Nach Beendigung seines Spiels zog er dorthin zurück, woher er gekommen war. Mich überkam Müdigkeit, und ich schlief ein.

„Vorgarten-Hirsch".

Als ich erwachte, brannte schon Licht in der Hegerei. Rauch kräuselte steil in die Luft. Es würde gutes Wasser geben. Man kochte Kaffee. So spät war es also schon, und in einer halben Stunde sollte die Pirsch steigen. Man war bereit.

Da, was war das? Vorm Haus stand ein Hirsch, schlüpfte durch den Zaun und machte sich am Gemüse zu schaffen. Das Licht der Hauslampe warf goldene Flecke auf seine Decke. Wie Feuer flammte das Geweih.

Eilig rutschte ich vom Schober, brachte einen Busch auf der Wiese zwischen uns und pirschte auf das Haus zu. Draht klirrte. Er wechselte zurück, sicherte im vollen Licht des Küchenfensters und ließ sich gut ansprechen. Älterer kronenloser Zehner. Schon war die Kugel draußen. Die zweite folgte, und als er hangwärts zog, warf ihn die dritte um. Stille. Hastige Bewegungen hinter dem Fenster. Der Hausteckel kam angekläfft und nahm die Fährte auf. In Unterhosen folgte der Heger, dichtauf Rudi.

Rumänien

Schon als Pennäler bedeutete mir der Bär Höhepunkt aller Jagd. Daß die Möglichkeit, diesen Wunsch zu erfüllen, in weiter Ferne lag, war mir bewußt. Woher sollte ich das Geld nehmen für die weiten Karpaten?

In meinen besten Mannesjahren überraschte mich der Krieg und führte mich über Polen, Frankreich nach Rumänien, wo wir über Monate als Lehrtruppe Verwendung fanden.

Fogarasch nahm uns auf und empfing uns wie Eltern ihre Kinder nach langer Reise. Rührend herzlich die Siebenbürger Sachsen. Ein Leben wie zuhause in eigener Familie. Nach dem Dienst saß man zusammen und erzählte, scherzte und freute sich bei gutem Wein des Lebens. Mich nahm die Familie Teutsch in Obhut. Der Hausherr, Bankdirektor seines Zeichens, kannte hier jeden und das Land sehr gut.

Schon am ersten Abend klang das Lied „Siebenbürgen – Land der Bären" an und ließ aufhorchen. Natürlich gab es Bären, wenn auch nicht viele. Er selbst war mal Jäger, hatte aber nie Bärwild zu Gesicht bekommen. Jedoch habe der Kreisjägermeister (Jagdinspekteur) vor Jahren eine grobe Sau beschossen. Am anderen Morgen lag ein Bär im Mais – ein Ereignis, das in die Jagdgeschichte einging.

Der Hausherr schien zu spüren, daß das geschürte Feuer Flammen in mir schlug. Nach Füllen der Gläser ging er an den Schreibtisch und telefonierte. Lässig nahm er wieder Platz und sprach ganz ruhig die hehren Worte: „Sie können mit Abschußerlaubnis eines Bären rechnen. Das sagte mir soeben der Jagdinspekteur." Mein Herz schien aufgehört haben zu schlagen, um danach zu rasen anzufangen. Mein Gott, ein Bär!

Einen Haken aber hatte die Sache, ich brauchte einen Jagdschein. Um ihn zu bekommen, mußte man eine Eigenjagd nachweisen oder Jagdpächter sein. Das war schlecht oder unmöglich. Woher nehmen? Müdigkeit überkam mich, ich erbat Abschied.

Trotz aller Aufregung übermannte mich der Schlaf schnell.

Der Morgen kam und mit ihm die kreisenden Gedanken. Der tägliche Dienst ließ alles vergessen, und am Abend wurde weiter gesponnen. Schön war das Leben; wir haben viel gelacht, und im Zukunftsnebel zog der Bär.

Zwei Tage später flatterte mir eine Jagderlaubnis auf Bär und Gamsbock ins Haus. Obendrein hatte man mich zum Mitpächter eines Revieres gemacht, das eine vier Tage lange Pirsch von Ost nach West und eine über zwei Tage von Nord nach Süd gewährte. Herz, was willst du mehr? Zwei der Pächter waren Volksdeutsche, Rumänen die beiden anderen. Der Inspekteur einer von ihnen, André der andere. Ein Besuch des Königlichen Hofjagddirektors Oberst v. Spiess wurde empfohlen. Wenige Tage später machte ich in Hermannstadt seine Bekanntschaft.

Was an den Wänden seines Hauses hing, verschlug mir den Atem. Starke und stärkste Trophäen von Hirsch, Bock und Gams, vom Fußboden bis zur Decke des Zimmers. Bärendecken und Keilerschwarten gewaltigen Ausmaßes. Alle Räume voller Trophäen. Kaum zu fassen alles.

Dann gab mir der Oberst Ratschläge für die Jagd. Er empfahl mir, mich an André zu halten wegen seiner guten Beziehungen zum Königshaus. Andrés Mutter, eine Prinzessin C., Freundin der Königin, und er selbst mit dem jungen König Michael befreundet, das bot beste Voraussetzungen für die Jagd.

Herbst war's, und über bunten Wäldern brauten die Karpaten. Goldgelb der Mais, die Nuß kurz vorm Platzen. In den Bergdörfern begann das große Schlachten, standen Gans und Ente am Ende der Mast, die Sau vorm Abstich.

Doch sei mit dem Frühling begonnen. Als Mitte April der Auerhahn zu balzen begann, stiegen Dr. Maurer und der Pfarrer mit mir in die Berge. Zwei Pferdeburschen übernahmen das Gepäck. Hoher Schnee lag noch oberhalb der Baumgrenze, während in den Tälern bereits einige Bäume blühten.

Bei eisiger Luft hielt uns die Steigerei warm. Bald hingen Jacken und Mäntel auf den Pferden. Immer mehr Pausen erzwang die dünne Luft, aber schließlich hielten wir vor einer bretterklappernden Hirtenhütte, durch die der Wind pfiff. Entlasten der Pferde.

Bald brannte ein kleines Feuer in der Bude und qualmte, daß die Augen tränten. Als es nicht mehr auszuhalten war, machten der Pastor und ich uns auf die Läufe, um Hähne zu verhören. Unter letzten Krüppelkiefern bot sich Deckung. Langsam verklang der Tag. Als die Ringdrossel ihr Lied beschloß, quorrte schon der erste Schnepf, und beim ersten Sternblink fielen zwei Hähne ein. Nach dünnem Worgen und leichtem Zweiggekraspel trat Ruhe ein.

Voller Schnepfen schien die Luft, als wir unter einem großartigen Sternenhimmel zur Hütte stiegen. Der Qualm hatte dort nachgelassen, aber nun, da es wärmer wurde, formierten sich Scharen halbverhungerter Flöhe zum Angriff und stürzten sich auf uns. Die unantastbaren Pferdeburschen schnarchten, daß die Schindeln klapperten. Weil sie nicht im Traum daran dachten, Holz nachzulegen, blieb uns keine Wahl, so daß kein fester Schlaf aufkam. Sehr lang wurde die Nacht.

Froh war man, als die Wassereimer klapperten, in denen das Eis schepperte. Speck briet, Eier brutzelten, Tee duftete. Man wurde wieder Mensch. Noch herrschte Dunkelheit. Sternübersät der Himmel. Rein und würzig die kalte Luft. Wir packten das Handwerkszeug und verließen in warmer Kleidung die Räucherkammer. Dr. Maurer nahm den Pastor mit. Mich begleitete ein Mann mit grauem Bart. Ganz langsam tasteten und stolperten wir voran. Steine gingen ab. Im Gefels heulte der Wind. Noch kälter wurde es, als die Sonne erstes Licht im Osten gab.

Und dann saßen wir und lauschten. Ein Rotkehlchen zickerte. Steine donnerten zu Tal. Nun wieder das Rotkehlchen: tek-tek-tek, ganz zart. Feiner Grauschein im Osten. Tek-tek. Ich stieß den Begleiter an, aber der hörte nichts. Sollte das ein Hahn sein? Jetzt wieder Tek ... tek-tek, tek-tek.

Der zarte Grauschein wich hauchdünnem Rosagewölk. Die Osthänge begannen zu glühen, Schnee in Feuer! Tek-tek, tek-tek. Stammte die kleine Nachtmusik nun wirklich vom Großen Hahn? Des Rotkehlchens Lied auf dem Vaterhaus in der Heide hörte sich doch etwas anders an, wenn es, jedesmal knicksend, vom Dachfirst rief. Es mußte ein Hahn sein, und ich ging den Tönen nach, vorsichtig, oft verhaltend.

Im Berg fiel ein Schuß, der von Dr. Maurer stammen mußte. Tek-tek. Die Richtung stimmte. Weiter. Ein blaßblauer Streif am Himmel brachte Farbe in die Landschaft. Tek-tek. Mal nah, mal fern. Er konnte nicht mehr weit sein. Stille. Hatte er das geringe Astknacken unterm Fuß vernommen? Kein Ton.

Nach längerer Pause endlich wieder Tek---tek-tek. Dann sah ich ihn auf einer knotig-aufschrägenden Wetterfichte als dunkle Schattengestalt mit weitgefächertem Stoß und hängendem Kehlsack. 80 Schritte mochten uns trennen. Der Freihandschuß zu gewagt. Bis zu jenem Stumpf müßte man noch, um anstreichen zu können.

Auf dem Bauch liegend, robbte ich über Harschschnee auf ihn zu, jede seiner Strophen nutzend. Es gelang, und als ich mich am Stumpf aufrichten wollte, gab der Schnee nach, und ehe ich recht wußte, was geschah, umgab mich Finsternis. Schnee überall, auch über mir. Kurze Überlegung. Der Baumstumpf! An ihm hangelte ich nach oben. Alle Taschen voll Schnee, die ganze Kleidung weiß. Die Säuberung nahm ihre Zeit in Anspruch. Dann kam die Büchse an die Reihe. Der Mündungsschoner hatte den Lauf freigehalten, auch das Schloß funktionierte. Der Hahn war über alle Berge. Alle Kuppen glühten, silberblau schimmerte der Schnee in den Tälern. Es würde wieder ein schöner Tag.

Da perlte der Hahn. Ja, er stand tatsächlich am gleichen Platz. Stahlblaugrün der Schild. Rot leuchteten die Rosen. Mitten im Lied fuhr ihm die Kugel durch die Brust und warf ihn vom Baum. Ein Adler strich vorüber, und oben im Berg zog ein Rudel Gams.

An der Hütte hing der Hahn von Dr. Maurer. Der Pastor packte Forellen aus, die er einem Rinnsal entnahm, in der es nur so von diesen schmackhaften Fischen wimmelte. Selten kommt ein Mensch in diese Region, und wer hierher irrt, entnimmt dem Wasser nur soviel, wie er zum Leben braucht.

Bei Tagesanbruch beobachteten die Pferdeburschen einen Bären auf Nahrungssuche. Es roch nach Frühling und kommendem Grün, und die Mittagssonne schien so warm, daß niemand Lust verspürte, etwas zu unternehmen. Man verschlief die Zeit.

Man empfahl mir, den zweiten Hahn mit Schrot zu schießen. Am anderen Morgen ließ ich alle bei Floh und Spinnen, griff die

Flinte und trat in die kühle Luft. Ein wüster Weg runder Steine führte in einem Bachbett talwärts. Hier plätscherte das Wasser, dort gurgelte es. Eine düstere Schlucht verschlang mit Donnergetöse herabstürzende Fluten. Krachend flogen Steine, platzten Wolken von Gischt und Scherben, brüllte der Grund.

In einen solchen Kessel größeren Ausmaßes stürzte vor Jahren Oberst Berger, brach sich Arm und Bein, verschoß seine Munition, verhungerte, starb und wurde erst lange Zeit später gefunden. Schicksal des Solojägers.

Langsam begann es zu tagen. Ich meinte, dort zu sein, wo gestern abend der Hahn einfiel. Der Berg hielt den Atem an. Als sich im Osten ein lichter Streif hob, eröffneten Hennen den Morgentratsch. Schnepfen strichen. Eine Kuppe fing Feuer. Später vergoldete die Sonne einen Kopf nach dem anderen. Hennen putzten ihr Gefieder. Ein Hahn strich an und fiel ein. Stocksteif hockte er auf einem dürren Ast und musterte seinen Harem. Die Weiber riefen und lockten. Er warf sich in die Brust und prahlte, fühlte sich ganz Majestät.

Wie rankommen? Rechts herum müßte es gehen. Das Buschwerk hier, der Fels dort. Langsam voran, und das Weibervolk beachten. Der genius loci hatte Einsehen, er brachte mich durch alle Wirrnis und Hindernisse. Das Perlen war unüberhörbar und die Richtung bekannt. Zwei Schritt vor, halt. Drei Schritte weiter, stop. Kurzer Sprung nach rechts, halt. Zwei Schritte nach vorn. Was wäre die Jagd ohne diese Mühe, der Hahn ohne sein Gängelband?

Würde eine weise Fügung für eine Panne sorgen, bliebe etwas aufgespart und vorbehalten. So muß man die Sache sehen, obwohl die Raubtierseele im Menschen nur die Beute will.

Wo blieb alle Philosophie, als der Große Hahn auf Schrotschußnähe in der Fichte balzte, den Fächer wölbte, der metallisch glänzende Körper sich vom sattgrün der Zweige hob? Vergessen alles. Der rauhe Schuß zerriß die Morgenstille. Federn flogen, Zweige knackten, und durch rauhes Astwerk prasselte ein schwerer Körper zur Erde.

Eine Henne verstrich nach der anderen. Der Wind harfte in den Tannen. Unter dem Baum aber lag kein Hahn. Mit wenig intelligentem Gesicht umkreiste ich ihn, suchte und sah mir die Augen aus dem Kopf. In der Krone hing er auch nicht.

Da, Schweißtropfen im Schnee. Wer sagt's denn. Zu einer kleinen Fichte führte die Fährte, von dort weiter in eine verkrautete Steingruppe, und aus ihr nicht heraus. Ein Stock zum Stochern war schnell gefunden. Kurzes Gekraspel, und er wischte mir zwischen den Beinen davon. Wendung und Schießen waren Augenblickssache. Flügelschlagen, Zittern, aus.

Im obersten Bergnest der Fogarascher Karpaten, wo Weg und Straße enden, trafen wir Leute, die uns wie Mondmenschen anstarrten und kein Wort verstanden. Mit Händen und Füßen bemühten wir uns vorzutragen, was wir wollten. Schließlich nahm ich einen Sack, tat Brot und Speck hinein und ging ein Stück. Nach Vorzeigen von Bargeld begriff man. Zwei Männer liefen in ein Haus, füllten einen Sack mit Speck, Brot, Zwiebeln, steckten sich die Taschen voll Knoblauch und zeigten sich abmarschbereit. Eine langstielige Axt noch und eine verrostete Flinte. Der Fahrer verteilte das Gepäck, ab ging die Post.

Der zurückfahrende Wagen sollte mich anderntags wieder abholen. Ein steiler Anstieg führte nach oben, kein behaglicher Pirschpfad. Schweiß perlte, und längst lag alles Wollzeug im Rucksack. An eine Pause dachte man nicht. Mihais vor mir schwankender Flintenverschluß wackelte bedenklich. Im durchlöcherten linken Lauf lachte die Sonne. Patronen Handarbeit, Pulver, Papier, Eisenstücke. Schießverbot in meiner Nähe!

Die stetig dünner werdende Luft erzwang eine Pause. Man begann zu japsen. Wie würde das erst oben bei den Gams werden?

Wo würden wir sie finden? Am Spätnachmittag endlich eine Hütte. Wir warfen uns ins Gras, aßen und tranken, sammelten Kräfte. Während die Männer ein Nachtlager vorbereiteten, untersuchte ich die nähere Umgebung auf Fährten. Verwaschene von Rind und Schaf überall, auf einer höheren Alm aber auch frische, sicher von einer Kuh, die den Anschluß beim Abtrieb verpaßte. Die Männer zweifelten und wollten die Fladen sehen.

Als dann eine große Barfußspur eines Menschen im grünen Spinat stand und lange Krallenabdrücke dabei, tönte es aus beider Mund „Bär!“

„Den werde ich heute abend schießen", äußerte ich spontan. So einfach wäre das nicht, so die Männer.

Gegen Abend setzte ich mich an, fand einen guten Platz im oberirdischen Wurzelwerk einer letzten Wetterfichte nebst einem der Männer, der nicht abzuschütteln war. Mit dem Bären sei nicht zu spaßen, meinte er, und es wäre gut, einen Sekundanten im Fall der Fälle dabei zu haben. Wie zum Ansitz geschaffen war der Wurzelkorb. Der Sekundant saß hinter mir und würde in Funktion treten, wenn der Bär wirklich käme.

Ein silberner Türkensäbel von Mond hing zwischen tausend Sternen am samtdunklen Himmel. Am Hang funkelte der silberblaue Schnee. Es wurde kälter. Nichts rührte und bewegte sich, nur in den schroffen Wänden sirrte leiser Hauch, und hinter mir stockte eine Duftwolke von Knoblauch und Zwiebel.

Dann überkam mich ein Gefühl heranziehenden Wildes. Was mochte es sein? Es verstärkte sich. Etwas später meldete es „Bär". Schließlich war ich sicher und wußte sogar, wo er kommen würde. „Verrückt" wird mancher sagen, aber wahr. Meinem Begleiter machte ich davon Mitteilung.

Was er dachte, weiß ich nicht. Er zuckte nur die Schultern. Magisches Licht auf bläulichem Schnee bis zu den bleiern gleißenden Geltschern, und dann ein dunkler Punkt im lichten Gefels, der wie eine Sau aussah. Ich reichte das Glas zurück. „Schießen", zischte der Mann und flog am ganzen Leib. Jetzt wendete das Stück nach rechts und war klar zu erkennen, zum Schuß aber viel zu weit. Es würde wieder erscheinen, ganz sicher war ich.

Nicht lange, und es verhoffte auf etwa hundert Schritte, erhob sich, und ich konnte meines zitternden Hintermannes wegen nicht schießen. Der Kerl versaute noch alles. Wenn der Bär sich zum Winden erhebt, hat er zumeist Verdacht und flüchtet. Hätt' ich ihn nur nicht mitgenommen. Meine Hand in seinem Gesicht und die Finger in Mund und Augen drückten ihn zurück. Das Abkommen stand auf der Brust, und die Kugel war unterwegs. Deutlich sah man den Leuchtsatz in der Brust verschwinden. Mit rauhem Brüller kam er angebraust und war ran, als ich noch nicht repetiert hatte, obwohl das sehr schnell bei mir geht. Er verfehlte uns um wenige Schritte und war weg – ebenso mein Sekundant.

Erst in der Hütte fand ich ihn wieder, kreidebleich und zitternd, mit Händen und Füßen gestikulierend. Zu groß war die Gefahr, und in solcher Lage muß sich retten, wer kann.

Gegen vier setzte Regen ein. Stundenlang goß es. Das würde eine schwierige Nachsuche geben.

Am anderen Morgen waren denn auch alle Spuren verwischt. Nur tiefe Ausrisse wiesen den Fluchtweg. Kein Haar, kein Schweiß, doch auf einem gestürzten Urwaldriesen klebte ein handtellergroßes Stück Fett-Schweiß, das er beim Übersteigen abstreifte. Danach verlor sich die Fährte, und wir suchten bis Mittag verloren – ohne Erfolg.

Die Suche mußte abgebrochen werden, weil ich am Abend zurück sein mußte, denn am Montag hatte sich der König zur Besichtigung angemeldet, und da durfte man nicht fehlen. Nun war guter Rat teuer. Was tun? Den Bären wollte ich um keinen Preis verlieren, und an Urlaub war bei dem gestrengen Kommandeur nicht zu denken.

Aber dann fiel mir André ein. Noch spät rief ich ihn an. Er würde sofort mit dem König sprechen. Um Mitternacht überbrachte mir ein Melder den Urlaub und Befreiung vom Dienst.

Dann überschlug sich alles, und am anderen Morgen standen Wagen und zwei Landser zur Suche bereit. Oben im Dorf stiegen die beiden Männer wieder mit uns zu Berg, und wir fingen von Neuem mit der Nachsuche an. Jeder bekam eine Pistole und einen scharfen Dolch in die Hand gedrückt, und dann ging es mit Sichtverbindung von Mann zu Mann in den Urwald. Stundenlang durchkämmten wir einen weiten Bergkopf und fanden nichts, auch keinen Ausrutscher. Alles hatte der Regen verwischt. Es war zum Verzweifeln. Und die Kugel hatte das Stück doch in der Brust. Es mußte liegen.

Ich hielt mich an den Bach in der Annahme, der Bär würde Kühlung suchen. Und das große Stück Fett-Schweiß besagte doch viel. Die Erde schien ihn verschluckt zu haben. Was würde man am Abend in Fogarasch sagen? Mir graute vor den Lästerern.

Rief da jemand Hilfe? War es das Gurgeln des Baches? Oder das Raunen der Wipfel? Halb durchgedreht war man ja schon. Eine Täuschung also. Da, wieder, jetzt aber deutlich. Dort schrie

Bär aus den Fogarasker Hochbergen.

einer. Rechtsum und bergwärts, was das Zeug hielt. Oben rannte jemand. Was mochte los sein? Warum fiel kein Schuß? Rätselhaft alles. Endlich ein Mann auf einem Felsvorsprung. „Was ist los?"

Die Antwort ging im Wind unter. Weiter, schneller, höher. Dann stürzte ich in ein Loch und hatte Mühe, wieder hochzukommen. Völlige Ruhe, nur Wipfelrauschen. Weiter, schneller und immer höher. Stark schmerzte das linke Bein. Bruch? Das fehlte noch. Zähne zusammenbeißen! Endlich ein Landser. Noch einer, etwas blaß. „Was ist los?“ – „Da sitzt er.“ – „Und warum schießt keiner? – „Er ist tot.“

Da lag eine mannstarke Windwurffichte, und in ihrer dichten Krone saß der Bär. Ein Soldat bog die Zweige beiseite, sah in das bleckende Gebiß des Bären und schrie vor Schreck um Hilfe in der Annahme, der Bär lebe noch. Vor Aufregung stimmte der Hirte, der in seiner Nähe ging, in die Hilferufe ein, und so wurde es recht lebhaft.

Zu bewegen war der Koloß nicht. Er wurde aus dem Busch gerollt und zum Fotografieren auf die Läufe gestellt. Danach ging es an die Arbeit des Aus-der-Decke-schlagens. Handhoher Feist und ein halber Liter Flüssigfett stand immer vor dem schälenden Messer. Aber nach Stunden rollten wir Haupt und Decke endlich zusammen, schnitten noch gute Stücke aus Rücken und Keule und zogen hocherfreut zu Tal.

Vor der Praxis von Dr. Maurer wurde gehalten. Er sollte als erster die Beute sehen. Er ließ sich jedoch nicht bewegen, er glaubte uns einfach nicht. „Nein, mein Lieber, mit mir nicht. Ich jage hier seit zwanzig Jahren, bin jeden Herbst und Frühling zwei Wochen im Berg und sah nie einen Bären, und Sie wollen mir sowas erzählen. Glauben Sie doch selber nicht.“ Da war nichts zu machen. Erst als ich auf Gamsbock schaltete, folgte er, sah und staunte mit offenem Gebrech.

Die Decke wurde gleich ins Kasino gebracht, denn es war mit Gespött zu rechnen. Der Abend kam, man speiste, und dann fiel der Blick des Regimentkommandeurs auf mich. „Wo ist der Bär?“ Schadenfreude und Hohn lag im Ton, glaubte man doch nicht an Erfolg. „Draußen Herr Oberst.“ – „Vorzeigen!“ – „Ordonnanz!“ Die Flügeltüren öffneten sich, und herein kam, schön breit- und langgezogen, der Bär mit bleckendem Gebiß. Die Männer machten ihre Sache mehr als gut und zogen eine prachtvolle Schau ab. Schweigen und Staunen im Saal. Sua fama ursus habet!

Nun lockte der Gamsbock, und wieder rollten wir zu Berg, bis es nicht mehr weiterging. Im letzten Nest fand sich ein kleines Männchen bereit, mich zu führen. Ein übergroßes buntgeflicktes Jackett schlotterte um seine weißbehosten dünnen Ständer. Einen zweiten Mann lehnte er ab. Sein Pferd würde alles tragen, und er wisse hier genau Bescheid.

Wie ein treuer Hund folgte das Tragetier. Nach Stunden harten Aufstiegs erreichten wir eine Hütte mit allem Inventar, die nett und sauber wirkte. Nach Untersuchung der näheren Umgebung und Anbruch der Dunkelheit streckten wir die müden Glieder auf das Fichtenzweigbett und schliefen. Draußen raspelte der angebundene Gaul.

Gegen Mitternacht riß uns Mordsgetöse aus dem Schlaf. Die Hütte zitterte und bebte. Bär am Pferd? Büchse greifen und raus. Am Strick hing das Pferd, und der Baum, an dem es gebunden, hing schräg zur Erde. Auch die Nachbarstämme wankten und tanzten. Kein Licht im Unterland. „Erdbeben!“, schrie Harrelampe, und wir hatten unsere Not, die Glut des Feuers aus der Hütte zu schaffen. Der Fußboden schwelte schon an einigen Stellen. Töpfe und Kleider lagen durcheinander, Wasser rann, und draußen bockte das Pferd.

Bei Tagesanbruch hatten wir wieder Ordnung geschaffen und setzten uns in Marsch. Ein schmaler Wechsel steilte aufwärts. Geröll und Steine, wohin man trat, rechts und links Felsbrocken. Im nackten Gestein oben wurde der Blick frei, lohten Alpenrosen und Weidenröschen, hoben sich silberne Schneeköpfe in den blauen Himmel, und sattgrüne Almen dehnten sich in der Tiefe der Täler. Das Zartrosa des Schnees wich der steigenden Sonne. Blaugold lagerte um die Zinnen, die Alpenrosenfelder bluteten.

Wie in einer Loge saßen wir mit weitem Blick über Täler und Höhen. Alpendohlen riefen, es wurde wärmer. Ein Adler glitt vorüber. Weit hinten am Hang Sauen. Sauen? Acht Stück. So hoch? Im nackten Gestein? Jungvolk spielte, sprang von Fels zu Fels. Gams! Weit weg waren sie, aber wir hatten Zeit und beschlossen sie anzugehen, stiegen inseits einer Zwangsscharte in scharfkantigem Gestein aufwärts und wußten nach vielen Windungen und Kehren bald nicht mehr, wo das Wild stand.

Oben wehte es so stark, daß man sich festhalten mußte, um nicht weggewischt zu werden. Kurze Pause im Windschatten eines Felsens. Eine halbfertige Welt voller Steine und Öde gähnte unter uns. Geröllhalden soweit das Auge reichte. Der Sturm heulte und pfiff. Beim Hervorholen des Frühstücks löste sich aus gefaltetem Grund des Gegenhangs ein Rudel Gams, trollte über düsteres Gestein und querte unsere Kuppe. Etwas weit zwar, aber bei guter Auflage ließ sich der Schuß wagen. Das Stück mit den längsten Krucken mußte ein Bock sein. Als es verhoffend breit stand, krümmte sich der Finger. Getäuscht vom dumpfen Donner des Echos stürmte die Gesellschaft auf uns zu. Mein kleiner Begleiter beschwor mich, weiter zu schießen und Fleisch zu machen. Er fluchte wie wild, faßte sich an den Kopf und konnte nicht begreifen, daß man greifbar nahes Wild unbeschossen ziehen ließ.

Alles ging schnell, zu schnell. Das heimliche Gewürz des Aufschubs, der Vorgenuß, die Spannung fehlte. Dennoch hatten wir den Bock nicht. Unsere Felsnase hing soweit über, daß das Gelände nicht einzusehen war. Langsam glitten wir abwärts, bogen um eine Ecke und glasten die Gegend ab. Nichts lag am Boden. Zu sicher war ich meiner Kugel, um aufzugeben. Schließlich fanden wir ihn an einer steilen Lehne, mit an Alpenrosen verhakelter Krucke hängend. Feist und glatthaarig das Stück wie alle Gams in diesen Bergen, 26 Zentimeter hoch die Krucken der alten Tante, die ein Bock sein sollte.

Nach dem Aufbrechen band der Kleine die rechten und danach die linken Läufe zusammen, schlug sich das Stück wie einen Rucksack über den Rücken und zog los. Die offene Bauchseite am Körper, lief ihm der rote Saft über die weiße Hose in die suftenden Opanken. Ohne auch nur einmal abzusetzen, schleppte der kleine Geist die hundertpfündige Last zur Hütte.

In Ramnicul Serat am Fuße der Ostkarpaten suchte ich gleich am zweiten Tag nach unserem Einzug nach einer Jagdgelegenheit und landete auf dem Gutshof, dessen Verwalter mir empfohlen wurde. Gleich am Tor traf ich ihn, nein, nicht ihn, den Besitzer persönlich. Er bat mich ins Haus. Er selbst sei kein Jäger, aber seine Mutter eine große Jägerin. Nach einem Telefonat mit ihr ließ er mich wissen, daß ich von der alten Dame zum Nachmittagskaffee im Jagdhaus eingeladen sei.

Wegen des hohen Schnees verspätete ich mich und traf nur den Oberförster. Ihre Hoheit, die Prinzessin Sutzu, lasse sich entschuldigen, sie sitze schon an, und er habe Auftrag, mich zu einer Kanzel zu bringen, vor der ein Luder für Wölfe ausgelegt sei. Den Arm voller Decken brachte er mich zum Hochsitz inmitten eines Buchenaltholzes. Bitter kalt gab sich die Nacht. Der Frost sprengte die Bäume mit lautem Knall, die sich gespensterhaft dunkel vom blaugrauen Grund hoben. In dicke Decken gewickelt ließ es sich aushalten.

Klar funkelten die Sterne. Nur schwach hob sich das Pferdeluder vom Schnee. Ein Fuchs kam, umrundete das Opfer, verhoffte auf den Keulen sitzend, überlegte, prüfte, schlich zurück, kam wieder, um sich ans Werk zu machen. Größer und heller erschienen die Sterne, deutlicher hoben sich die Stämme vom Grund. Zu kurze Zeit lag das Pferd erst da, um sich bei Interessenten schon herumgesprochen zu haben, und außer Füchsen dürfte wohl kaum etwas zu erwarten sein.

Frost klirrte, Holz knackte, knallte, barst. Nach einer Stunde ein heller Ton. Quieken? Hinter mir war's. Eine Wendung im dickvermummten Zeug wurde fällig. Jetzt klagte deutlich eine Sau. Etwas später zog Schwarzwild über die Schneise vor mir, Bache offenbar mit vier Frischlingen. Es ging schnell, sie waren in Eile, und das Licht genügte nicht. Sauen im Winterwald, ein herrliches Bild. Und dann pflügte ein großer Kasten über die Schneise und folgte den Fährten seiner Vorgänger. Als die Büchse an der Wange lag, schluckten ihn die Buchen.

Kälte biß, Sterne funkelten, und das Hirn rauchte. Verpaßt!

Weit weg klagte noch mal die Bache, dann legte sich wieder Stille über den Wald... Sollte man sich in vollem Ornat wieder umdrehen zum Luder oder ausharren? Ich blieb sitzen. Die Wölfe würde man schon hören, wenn sie am Luder stritten und rissen.

Nach unbestimmter Zeit wieder ein Quieken, Sauklagen. Sollten sie zurückkommen? Leichte Hoffnung. Mit Warmreiben der Finger verging die Zeit. Griffbereit stand die Büchse. Gespannt Aug' und Ohr, und dann zog die Rotte über die Schneise, kaum daß die Büchse an der Wange. Zu langsam war man. Aber nur fünf Stücke zählte ich und blieb im Anschlag. Als ich gerade absetzen wollte, sah ich den schwarzen Klumpen im Bestand sich nähern, nahm Maß, und mitten auf der Schneise riß ich Funken und meinte, ihn im Mündungsfeuer wenden gesehen zu haben.

Nach kurzer Wartezeit trieb die Kälte mich vom Sitz. Am Anschuß nichts zu finden außer Pflugfährten, die nach rechts führten. Dann aber ein Graben von Fährte nach links, das mußte die gesuchte sein. Schluß jetzt. Mein Bedarf war restlos gedeckt, ein warmer Ofen zog.

An der Kanzel wartete schon der Oberjäger, der mich mit aller Verpackung heimholte. Erst jetzt kniff der Frost richtig in den Ohren, fühlte man die eiskalten Füße. Karpatenwinter!

Schließlich der warme Ofen, die Jagdherrin, der Bericht. Grog dampfte, Scheite knackten, und am anderen Morgen sollte nachgesucht werden. Rückfahrt über verwehte Landwege. Tiefverschneite Dörfer.

Dickvereist am nächsten Morgen die Fenster. Schwierige Anfahrt durch Harschschnee und Windwehen. Endlich das Jagdhaus. Spannungsgeladen begannen wir die Suche. Am Anschuß nichts, weder Borste noch Schweiß. Der Pflugweg vom Vorabend stimmte, zeigte aber keine rote Perle. Bis hier war ich gestern abend gegangen, und von dort, wo ich aufgab, sah man einen roten Tanzplatz und vereinzelte Saufedern.

Ein Stück weiter lag der Keiler übel zugerichtet. Das Innenleben ausgeräumt, Keulen halb aufgefressen. Dennoch wog er 333 Pfund, und ich glaubte, ein Hauptschwein gestreckt zu haben. Anders dachte der Jagdinspektor. Dreijährig meinte er, wäre mal eins geworden. Scherzte er?

Auf einer Wolfsjagd schoß er Wochen später einen Keiler von 595 Pfund aufgebrochen und enthob mich allen Zweifels. So sah ein guter Karpatenkeiler aus.

Lang und hart lagert der Winter auf den Ostkarpaten und hält Auslese bei Mensch und Tier. Nur was gesund und stark, überlebt. Kühe sah ich bei Kälte und hohem Schnee baumgebunden, ohne ein Dach über dem Kopf, ein Bund Stroh als Futter vor sich. Zwischen ihnen sausten nackte Kinder in nabellangen Hemdchen herum und jubelten vor Freude. Ein sehniger Waldmensch spaltete Holz ohne Handschuhe und lief barfuß im Schnee. Im Haus brannte ein offenes Feuer auf dem Lehmboden, und niemand dachte daran, die Tür zu schließen.

Von starken Hirschen wußte der Waldmensch zu berichten, die hier anzutreffen sind. Auf der Treibjagd im letzten Winter erlegte ein Jungjäger seinen ersten Hirsch mit einem Geweihgewicht von 16 Kilogramm. Vor Jahren wies er dem Obersten v. Spiess eine Bärenhöhle, die er beim Suchen eines verlorenen Schafes fand. Der Oberst jagte zufällig in der Gegend und nahm sofort die Jagd auf.

Ein dunkler Rand umgab das Loch der Einfahrt, ein Zeichen, daß hier jemand wohnte. Der große Jäger kroch – oh Schreck – in das Loch, nahm Witterung, kam zurück und wies den Mann ein. Dann stellte er sich auf und schickte seinen Terrier in die Höhle. Aufgeregt kehrte der zurück, stürzte aber mit dem Mut eines Besessenen wieder in die Festung und kam noch schneller zurückgefegt.

Kein noch so gutes Wort konnte ihn zur Rückkehr bewegen. Schließlich aber wagte er es doch nochmal, verbellte kurz und erschien wieder. Das wiederholte sich, und dann flog der Hund aus dem Loch, dichtauf folgte der Bär. Der Waldmensch riß aus, und der Oberst setzte dem Braunen die Kugel zwischen die Seher, die ihn augenblicklich zusammenwarf.

Ein toller Jäger war der alte Obrist. Mir erzählte er, daß er sich in den Kopf gesetzt hatte, Geier zu fotografieren. Ein schwieriges Unternehmen. Erstens kommt der große Vogel nicht häufig vor, und zum anderen äugt er äußerst scharf. Aber er wußte sich zu helfen, erschoß einen alten Gaul, brach ihn auf und kroch nackt in ihn hinein, um aus einem kleinen Loch in den Rippen des Kadavers Aufnahmen zu machen. Aasfliegen summten und stachen. Das Pferd begann zu stinken in der heißen Sonne. Immer ungemütlicher wurde es dem großen Manne in dem Tierkörper.

Endlich ein dunkler Punkt hoch oben am Himmel. Ein zweiter, dritter. Weitere folgten. Langsam sanken deren Kreise, spiralten die Vögel abwärts. „Wumm“, der erste stand auf dem Kadaver. Rauschenden Flügelschlages landete einer nach dem anderen.

Schnäbel trommelten und rissen. Immer mehr Himmel schimmerte durch die Rippen, zum Fotografieren aber bestand keine Möglichkeit. Dann kam ihm der Gedanke, einen Ständer zu greifen und ihn an eine Rippe festzubinden. Womit aber, taschenlos?

Er gab auf, und wie er nun blutverschmiert aus dem Pferd kroch, umstanden ihn die vollgekröpften Vögel und konnten nicht hoch. So kam er denn doch noch zu seinen Bildern. Das war August v. Spiess, königlicher Hofjagddirektor Rumäniens.

Noch ein großer Jäger wohnte in Hermannstadt, Emil Wittig, Forstmann seines Zeichens. Eine riesige Trophäensammlung barg sein Hausboden. Er nahm sie von den Zimmerwänden, weil sein Sohn kein Interesse daran hatte. Ärger trieb ihn dazu. Er wollte sie jemand verschenken, der sie in seiner Wohnung aufhängen wollte. Es waren Trophäen, die sich sehen lassen konnten. Zwei gute Bücher schrieb er, „Frate Nicolae“ und „Der Fechter“, beide behandeln Wald und Wild seiner Heimat.

Er und auch der Oberst empfahlen mir eine Wasserwildjagd im Donaudelta. Von dem Artenreichtum der Vogelwelt könnte man sich keine Vorstellung machen, man müsse das erleben!

Zu überlegen gab es nichts, schnell nahm der Plan Gestalt an. Und dann besuchte mich der kommandierende General, um sich den Bären anzusehen. Er selbst hatte sich mehrmals darauf versucht, aber nichts gesehen. Bei der Gelegenheit trug ich ihm meinen neuen Plan vor, der ihn sehr interessierte. Ob da die Möglichkeit bestünde mitzumachen? Natürlich ging das, hing doch mein Sonderurlaub davon ab.

Alles verlief progammgemäß. Flugzeug, Schiffe, Jäger und Kähne standen bereit, und am nächsten Donnerstag sollte es losgehen. Zwei Tage zuvor aber machte uns der Russe einen Strich durch die Rechnung, mußten wir gegen ihn antreten.

Unvergeßlich schön und über alles erhaben war die Zeit in Rumänien, übergroß die Gastfreundschaft, herzlich und nett die Menschen. Das Deutschtum der Siebenbürger Sachsen beschämte uns. Sie waren wirklich deutsch und wußten, was das bedeutet. Sie lebten seit Generationen unter Fremden, hatten es oft nicht leicht mit ihnen, während wir, geborgen in der Mitte unseres Volkes, kaum wußten, was das heißt.

Rußland

Weites flaches Schwarzerde-Land: die Ukraine. Sonnenblumen- und Weizenfelder, von Sonnenglut verdorrte gesprengte Erde, durchsetzt mit tiefen Spalten und Rissen. Holzhütten, Lehmhäuser, Kolchosen.

Drei Ruhetage im Flimmerschatten weniger Obstbäume. Tiefer Friede am Tage, aber nach Anbruch der Dunkelheit störte die Nachtbiene mit Bomben, bis sie ihr Schicksal ereilte. Eine Frau am Steuer.

Am Nachmittag wollte mir ein alter Mann ein großes Gemüseanbaugebiet zeigen und mit einem Gespann dorthin fahren. Er kam auch pünktlich mit seinem Panje-Leiterwagen. Auf einem querliegenden Brett nahmen wir Platz.

Unter seiner hohen Pelzmütze rann der Schweiß über Gesicht und Nacken. Hängenden Hauptes pflügten die Zossen den Staub des Feldweges. Zeisige und bunte Schmetterlinge an Disteln weiter Brache. Ein Sonnenblumenschlag lockerte das eintönige Bild auf. Gemüsefelder folgten mit guten Tomaten, Kohl, Gurken und Bohnen.

Beim Passieren eines Haferschlages spuckte Panje seine Machorka aus und wies schrägvorwärts mit seiner Peitsche „Szamjetz!“ Ein Reh hinter dem goldenen Segen, Bock obendrein. Schon schritt ich neben dem Wagen und bedeutete Iwan weiterzufahren. Vorsichtig und langsam schob ich mich durch Rispenschliff und Halmgerassel voran, oft verhaltend und vorausglasend. Eine Ricke warf auf, sicherte und beruhigte sich. Als dann die roten Wildkörper durch letzte Halme leuchteten, hieß es, sich schnell aus gebückter Haltung erheben und entscheiden. Im Emporwachsen warf der Bock auf und empfing stichschräg die Kugel. Die Ricke stutzte und äste bald weiter.

Panje hatte verstanden, er wendete und kam in leichtem Trab angezuckelt. Die Stelle scharf im Auge haltend, näherte ich mich dem Anschuß. Nicht leicht, in kniehohem Klee die Beute zu finden. Eine Rata überflog uns und beschoß das Dorf. Maschinengewehre surrten, Rauch stieg. Gierig machten sich die Pferde über den Klee her, während wir den vermutlichen Anschußplatz umkreisten, schwitzten und fluchten, der Fuß sich immer wieder in Klee-Ranken verwickelte. Irgendwo mußte er doch liegen. Suchen wir überhaupt an richtiger Stelle? „Laß uns den Platz markieren und Landser holen!“ Auf dem Weg zum Wagen fiel ich über etwas Weiches, den Bock. Lyraförmiges gutgeperltes Gehörn, fingerlange Enden. 28 cm hoch.

Wochen danach Ruhetage im Raum Swenigododka. Voller Pilze der Wald. Fußballgroße Boviste, pfundige Steinpilze, Pfifferlinge kremplinggroß, und als solche nicht zu erkennen. Ein russischer Anwalt im Dorfe klärte mich auf und machte mich auf die üppige Vegetation aufmerksam.

Unter mächtigen Eichen wucherndes Unterholz. Der erste Bock dieses fruchtbaren Bodens ein hellstangiger, perlenloser Sechser. Zwei ähnliche folgten. Kaum zu glauben bei dem schweren Boden mit eingestreuten Wäldchen. Ein idealer Lebensraum für Rehwild!

Ein schmaler Weg führte in den Wald, brombeerversponnen, hasel- und hopfenverstruppt. Hinter einer Lichtung eine frische rotleuchtende Baumscheibe. Partisanen? Mit bedenklich gerunzelter Stirn zog ich weiter. Dann verhielt ich nochmal, um die Baumscheibe einer genaueren Betrachtung zu unterziehen. Und als das Glas am Kopf war, entwickelte sich ein Reh, erhob sich ein Bock. Ein halber Hirsch, flammend rot auf sattgrünem Grund. Blitzende Enden, und dann hatte die Kugel schon den Lauf verlassen. Gotisch im Bau die Krone, weit über Handspann hoch, lange Enden. Mein bisher stärkster Bock.

Es folgte eine Serie von Ereignissen, die einen abergläubisch werden lassen konnte. Der siebente Rote und die damit verbundene Zeit hatten es in sich. In einem Eichenwald bot sich der erste auf unfehlbare Entfernung an. Sicher wie das Amen in der Kirche. Im Feuer ging er zu Boden, drehte sich in einer Lache von Schweiß um die eigene Achse, und als ich mit gezücktem Messer den Fang geben wollte, zog er einen Vorderlauf an, setzte den anderen auf und stürmte davon. Nachsuche ohne Erfolg.

Am gleichen Abend ein anderer, kaum hundert Schritt – gefehlt. Probeschüsse zeigten, daß es nicht an der Büchse lag. Verdammte Sieben! Im bienenumsummten Rotklee ein dritter, so gut wie gebraten. Den Finger am Abzug, schlug dicht neben mir eine Maschinengewehr-Garbe ein, pflügte bläulich dampfend den Boden, und dieser folgte dicht auf eine zweite „Rata", die hemdsärmelige Kolchosarbeiter das Laufen lehrte. Bienen summten, Wachteln schlugen, der Bock über alle Berge.

Wir erreichten den Dnjpr. Nach stundenlangem Straßenkampf, der Fluß. Wir an der Spitze. Auf schmalem Kahnsteg unter starkem Feuer hinüber. Fliegerbomben und Bordfeuer, daß das Wasser dampfte. Weiter, immer weiter, und dann schlug auf glattem Pflaster eine Granate ein, fegte den Kompanietrupp beiseite und mich auf den Bürgersteig. Schmerz in rechter Brust. Ein Loch anstelle des Hoheitszeichens. Beim Tasten in der Brust, kein Stahlsplitter, kein Gefühl. Die Hand erschlaffte, graue Wellen nahten. Binnen Sekunden war alles dunkel. Götterdämmerung.

Dickverbunden Erwachen auf weichem Mist eines Ochsenstalles, dem Hauptverbandplatz dicht hinter der Front.

Auf dem Transport in die Heimat, ich lag im Gepäcknetz eines Abteils, krabbelten mir die Maden aus dem Verband und kitzelten in der Halsgegend. Das sei gut, meinte der zuständige Sanitäter, sie fressen den Eiter und sorgen für Sauberkeit der Wunden.

Monate vergingen. Ein Fronturlauberzug nahm mich mit. Weil nicht kriegsverwendungsfähig, hielt mich der Generalstab der I. Panzerarmee fest. Bald fühlte ich mich beim alten Kleist wie zuhause.

Meine Aufgabe bestand im Verbindungsflug zum III. A. K. und zu einer rumänischen Division, Einsatzbefehle überbringen, an Lagebesprechungen teilnehmen.

Eines Tages, Gast beim erfolgreichen Major Graf, hatte ich mich verspätet. Wir flogen den kürzesten Weg zurück. Auf halbem Wege zwischen Rowno und Shtomir ein Knacken in der Maschine. Eine Verstrebung gebrochen? Da platzte dicht neben mir irgendetwas. Und nun klapperte Blech, Beule neben Beule, Durchschüsse.

Unter uns ein russisches Bataillon mit vollem Feuerzauber. Glühende Punkte, Mündungsfeuer, wohin man auch sah. Der Fieseler Storch schlingerte, sackte ab. Der Pilot riß die Maschine hoch, gewann an Höhe, um gleich danach abzuschmieren. Sämtliche Einsatzbefehle waren sofort zu vernichten. Das hieß Feuer legen. Während der große Vogel hüpfend auslief, rannten schon kahlköpfige Russen neben uns, die zunächst abgewehrt werden mußten. Maschinengewehr hoch und . . ., da riefen die Brüder: „Nicht schießen, wir sind Deutsche."

Ich schoß nicht, und das war richtig, obwohl wir mit Bluffen schlechte Erfahrungen gemacht hatten. Hier hatten junge, frisch an die Front geworfene Soldaten Maskenball gefeiert und mit dem Leben gespielt.

Ein Sohn unseres letzten Kronprinzen, der bei uns im Stab auch Verbindung flog, berichtete mir eines Tages von einem See in der weiten Steppe mit viel Wasserwild, an dem eine Eisenbahnlinie vorbeiführte. Nicht schwierig, ihn zu finden. Ein Erkundungsflug führte über ihn hinweg, und eines schönen Tages trabte ich über den verrosteten Schienenstrang. Im kleinen Bahnwärterhäuschen schien noch Leben, rauchte der Schornstein. Enten, Wasserhühner riefen, überall schlug die Wachtel. Die Wildnis lebte. Vom höheren Bahndamm hatte man eine gute Übersicht über das Gelände. Ein Brennesselhorst neben den Schienen bot sich als Beobachtungsschirm an und war schnell hergerichtet.

Eine Pause wollte ich in ihm verbringen, ein wenig ausruhen. Der See auf der einen, Wiesen und Erlengebüsch auf der anderen Bahnseite boten guten Anblick und Unterhaltung. Heiß knallte die Sonne. Mücken und Gnitzen jede Menge. Ein markanter Kugelbaum beherrschte die Wiese, unter dem plötzlich ein Reh stand, ein Bock sogar, Sechser mit stark einwärts gebogenen Stangen. So schnell er auftauchte, war er auch wieder verschwunden.

Ein Schof Enten nach dem anderen klingelte vorüber. Drei junge Rohrdommeln standen mit stocksteifem Hals in einem Baum. Frösche quorrten, und überall sangen und zwitscherten Vögel. Und dann stand der Bock wieder am alten Platz und schickte sich zur Reise in die Erlen an. Nach dem Schuß fegte er ohne zu zeichnen in die Erlendickung und tat sich auf einer lichten

Stelle nieder. Im zweiten Schuß kam er auf mich zu und brach bei dritter Kugel zusammen. Mit zwei Kugeln noch flott auf den Läufen? Hatte die Sieben und der Teufel noch immer die Hand im Spiel? Im Wiesengraben schwamm ein Reh, Blattschuß.

Vom ersten Anschuß führte die rote Bahn in die Erlen, wo im Wundbett der verendete Bock lag. Neben ihm das Bett des Schmalrehes. Binnen 30 Herzschlägen zwei Rehe, und die Sache mit dem Schmalreh beschämte mich. Was machen damit? Ich steuerte das Bahnwärterhaus an und überließ dem Mann das Stück, griff den Sechzigpfünder und trat den Rückweg an.

Eigentlich hätte man schlafen, aber ebenso eigentlich Geländeerkundung betreiben sollen. Wer weiß, ob man morgen noch lebte. Das bißchen Schöne, das das Leben noch bot, war mitzunehmen! Ich setzte mich in den Wagen und ließ die Steppe stauben.

Am Horizont ein Wäldchen. Dorthin unter gebührlichem Herantasten, die Konkurrenz herausfordern! Als sich nichts rührte, mit Vollgas hinein. Betulicher Baumschatten. Abwarten, horchen, fühlen. Büchse umgehängt und los.

Zartes Knistern bei jedem Schritt. Tot schien die Welt. Am Waldrand entlang ging die Reise. Kein Vogel sang, keine Mücke sirrte. Vorn jetzt aufwirbelnder Staub. Reiter? Langsam sank die Fahne in sich zusammen. Weiter. Als ich an der besagten Stelle stand, kam die Staubwolke zurück, zwei Böcke in Raketenschnelle. Wenn man nichts zu erhoffen glaubt, erfüllt sich's. Von allem Krampf spannender Erwartung frei, hielt ich beim hinteren anderthalb Längen vor und machte Dampf.

Wie ein Hase rollierte der Bock und lag. Der Verfolgte tobte weiter und ahnte nicht, daß es einen Verfolger nicht mehr gab.

Da stand man nun und freute sich. Tue nichts, und alles ist getan. Die Beute, ein Altbock, Spießer, 29 cm hoch.

Der Tauber lockte vorm Lazarettfenster, und man lag, von mehreren Operationen geschwächt, sann und hoffte. Wochen kamen, Monate gingen, endlich konnte man sich auf Krücken bewegen. Erster Abend am Waldrand bei Fasan und Kanin. Tage später Revierfahrt mit dem Jagdwagen. Die Heilung machte Fortschritte, und als der Genesungsurlaub begann, lag eine Jagdeinladung auf Hirsch und Sau vor. Malte v. E. I., ein Regimentskamerad , stellte Revier und Förster. Der alte Beamte lahmte rechts, stellte den Paßgänger zum links lahmenden Soldaten, und die jungen Mädchen lachten, wenn wir beide angehumpelt kamen.

Das Revier war von früher bekannt. Die alte Kanzel in der Krüppelkiefer am Feld stand noch, von der ich vor Jahren den Fuchs schoß, der vor einer fast zu Tode gehetzten Ricke saß und an deren Drossel wollte. Drüben im Altholz zog der laufkranke Schaufler, der mit guter Kugel weiter strabanzte, wobei ihm ein fingerdicker Blutstrahl aus dem Körper schoß, bis er fiel.

Am anderen Morgen zur alten Kanzel in der Krüppelkiefer. Bei Dunkelheit schlurten Schemen durch die Rüben. Zu sehen war noch nichts. Dann klirrte der Draht. Eine Zeit lang Ruhe. Tau fiel. Es graute. Ein Drossler zeterte, als Rotwild anzog und dem Loch im Gatter zustrebte.

Aus dem letzten Stück des Rudels war nicht klug zu werden. Es hatte nicht auf, aber einen starken Träger. Für den unter Zeitdruck stehenden Abschuß ein passendes Stück. In der Drängelei am Gatterloch ließ sich zunächst keine Kugel anbringen. Als er aber einen Moment frei stand, warf ihn der Schuß zu Boden. Außer Bastknöpfen und bohnengroßen Brunftkugeln hatte der alte Mönch nichts aufzuweisen.

Man saß bei seiner Beute, als die Sonne stieg, und hielt Zwiesprache mit der Natur. Schön das Alleinsein beim gestreckten Wild. Hinten in der Heide schüttelte eine Ricke den Tau aus der Decke und äugte mahlenden Kiefers in die Richtung, aus der Getucker eines zur Tagesarbeit anrückenden Treckers klang. Der Tag begann, und der Friede war dahin.

Bald humpelte der Förster mit seiner Neuigkeit über den Plan. Im Jagen 13 fährtete er einen Hirsch mit beachtlichem Schrank, die Fährte selbst im dürren Sand unlesbar. Beschlächter an Kiefern unterstrichen die Vermutung, es mit einem alten Herrn zu tun zu haben. Mit Pirsch nichts zu machen, also Ansitz.

In dämmerdumpfer Frühe kommenden Morgens saß ich im Jagen 13. Die Zahl bringt immer Glück. Nichts rührte sich. Am Abend wieder draußen. Kein Hirsch. Vor Tau und Tag anderen Morgens am gleichen Platz. Fremdwesen im Graudunst. Die

Nachtschwalbe. Abgeschaltet die Welt. Eine kühle Stunde mochte vergangen sein, als es zu grauen begann. Bei fallendem Dunst letzter Kauzjuch. Vormorgen-Geisterstunde.

Breitbandig legte sich hauchdünnes Morgenrot über den Osthimmel. Nach leisem Dürrzweig-Geknister glitt Rotwild aus dem Graudunst. Tier mit Kalb und Schmalstück. Andere folgten, insgesamt zehn Stück. Prall und glatt die Decken, schlenderten sie, Pilze nehmend, zum Tageseinstand. Frühwind strich. Sonnenstrahlen vergoldeten die Stämme der Altkiefern, und dann stand ein Hirsch im Sprühfall einer Fichte und schlug den Baum zu schanden. Als er sich einwandfrei als Krebsscheren-Achter ausgewiesen hatte, schlug der grüne Vorhang über ihm zusammen. Unter Knick und Knack gellte jetzt am zweiten September aus stellenweise verstrupptem Bestand der Gegenseite einige Male der Angstschrei eines Rehes.

Als zwischen glühender Hoffnung und etwas Enttäuschung es auf der anderen Seite einen Rumpler tat, stand im dürren Moos ein Hirsch. Ameisen am Borkenstamm, tausendstimmige Stille. Der Kleiber, der Specht und jetzt hinten ein aufmöbelnder Astbruch. Häher schimpften, und klatschend fielen Tauben ein. Dann zog der Neuankömmling auf die zerschundene Fichte zu, senkte das Haupt und ging im Feuer zu Boden. Rispen schwankten, silbrigblaue Sonnenlanzen tanzten auf goldgrünem Moos, nur eine Krebsschere hob sich vom Waldboden.

Und dann war da noch eine Hirscheinladung nach Ballenstedt im Harz. Eine Woche verbrachten wir zu dritt in der schönen Jagdhütte inmitten weiter Wälder.

Einen ganzen Abend sprachen wir über den „alten Dessauer", den Vorfahren des Jagdherren, der in Salchau ein Jagdhaus mit Meute unterhielt, bei Gardelegen in Garnison lag und in der Letzlinger Heide parforce jagte.

Der Wein war gut, die Büchsen eingeschossen, und am Morgen hielt der Kutscher mit dem Jagdwagen vor der Tür. Stocksteif hockte er in grüner Uniform auf dem Bock. Die Pferde, aalglatt und blitzblank, traten von einem Bein aufs andere. Der Hafer stach. Weich und leise rollte dann das Gefährt durch silberstämmige Buchenwälder.

Jankendes Geschirr, Pferdeschweiß und Schaum flockten. Duftendes Blattgrün, Ruch vom Waldboden und moderndem Laub. Ein nudelfetter Dachs rollte in der Wagenspur vorn. Als er die Peitsche knallen hörte, war es eine Lust zu sehen, wie flott er sein konnte.

In Dämmerdüsternis alter Eichenbestände ein Rottier, ein zweites dahinter, ein drittes, viertes. Als wir hielten und die Gläser hochnahmen, erhob sich im Blaudunst ein Hirsch. Man konnte sich allerlei Vorstellung hingeben, anzusprechen war er nicht. Weißschultrige Tauben nahmen Eicheln vom Boden. Häher spektakelten in den fruchtträchtigen Baumkronen.

Es kam langsam darauf an, einen passenden Platz für den Abendansitz zu finden. Die tropfenden Eichen mochten die Masse des Wildes anziehen, den alten Hirsch aber nicht. Den störte das Weibsvolk mit den tobenden Kindern. Hinzu kamen die streunenden flegelhaften Sauen.

Eine abseitige Suhle unweit einer Fichtendickung entsprach meiner Vorstellung. Am Abend packte ich's an, kroch in einen unterständigen Busch und lauschte den allsprachlichen Nestplünderern derer von Marquardt. Nur die Espe zitterte, über den Bäumen ein Flug Tauben. Der Specht schnarrte und wirbelte, und an der Suhle wurmte die Drossel. Bei knospender Vorbegier und seliger Adventsstimmung verrann die Stunde. Gedanken kreisten und gingen an die Front, und man saß in beschämender Geborgenheit und lauerte.

Laub fiel, Eicheln klatschten. Mit dünnstrahligem Fahlgespinst hing die Sonne in einem Eichendrilling und warf aufgoldende Lichtflecke um sich. Ein schwarzer Eichkater holzte durch das Astwerk. Da rührte in sirrendem Schnakenwirr etwas meinen Blick. Gespenstisch zog es durch die Stämme, blieb halbgedeckt stehen und verlor sich zwischen ihnen. In dämmerflimmernder Düsternis unter goldgrünem Altholz kam es stichgerade auf mich zu, trat leis' wie das Schweigen im Walde hinter einem dicken Stamm hervor: der Waldkönig. Stark im Bau und Kragen, verhoffte er an blaudusterer Suhle und stieg dann, ganz Majestät, ins Bad. Das Wasser wellte. Der Fürst reckte sich. Noch schien die Sonne, blieb Zeit zum Beobachten.

Unweit hallte ein Schuß herüber, der vom Herzog stammen mußte, Kugelschlag deutlich zu vernehmen. Abendwind erschauerte das Blattwerk, und den feinen Luftzug von hinten verspüre ich noch heute im Nacken.

Aus schwarzem Wasser löste sich ein Geweih mit gekreuzten Ästen. Ruck und Zuck, er stand am Ufer, triefend und schwarz wie der Teufel. Mit einem Schlag war die Natur still, wie das so ist, wenn Satan umgeht. Die Mücken nutzten die Stunde, um wahre Orgien zu feiern. In schattenumhüllter Tiefe schrillte der Specht, spukte der schwarze Teufel. Kronen trug er nicht, aber das Astwerk im Geweih ließ kein sicheres Ansprechen zu.

Ganz klug mußte er aus dem Windzug nicht geworden sein, denn er wendete und hob sich aus der tiefen Walddämmerung ins helle Büchsenlicht hinaus, schritt gesenkten Hauptes auf einen Busch zu, attackierte und schlug ihn in Grund und Boden. Als er sein Achtergeweih frei und sauber vorzeigte, traf ihn die Kugel. Mit tiefem Haupt raste er der Dickung entgegen. Der ganze Wald eine Hölle. Tauben klatschten davon. Häher schrien, ein schwerer Fall verkündete das Ende.

Der Genesungsurlaub neigte sich dem Ende, die Wunden waren verheilt, und die Front rief. Am Heiligen Abend bestieg ich mit einem ähnlich fühlenden Soldaten den Fronturlauberzug via Osten. K. v. waren wir beide nicht, aber es hielt uns nicht in der Reserve-Einheit, wir mußten los. 30 Grad Kälte und kniehoher Schnee empfingen uns an der Front. Russische Beutewaffen mit aufgepflanztem Seitengewehr wiesen, in den Schnee gestanzt, zum Kompanie-Gefechtsstand. Pelzvermummte Posten überwachten das Vorfeld bei stündlicher Ablösung. Gruppenweise hatte man sich unter die Erde in Bunkern vergraben, unterhielt kleine Feuer und hatte als Abwechslung nur feindliche Schneeschuh-Patrouillen in weißen Hemden. Nach dem Winter kam zugleich der Sommer. Die Steppe grünte und blühte, und binnen weniger Tage wurden im Vorgelände die Leichen lebendig, fielen zusammen und stanken unerträglich. Höchste Zeit, das Feld zu räumen.

Über Rostow am Don kroch der Heerwurm zum Kaukasus. Blut und Gräber zeichneten den Weg. Nach Überschreiten des

Therek gab es einige Ruhetage, die genutzt werden wollten. Den ganzen Tag über strichen Enten über den Fluß. Fasanen und Hühner lockten in den Büschen. Ein Tscherkesse stellte mir seine Hunde zur Verfügung. Irische Setter, ruhig und bedächtig der alte, flott und schnell der jüngere.

Wenn er dann, weit voraussuchend, vorstand, arbeitete man mit dem Alten weiter und machte Beute. Es machte Spaß, mit beiden zu waidwerken, und der Erfolg blieb nicht aus.

Eines Tages fiel in meiner Nachbarschaft ein Schuß im Schilf. Weil außer mir hier niemand jagte, ging ich die Stelle an und stieß auf einen Tscherkessen mit einer Ente in der Hand. Er öffnete eine seiner Patronen, die mit Kieselsteinen geladen waren und bat um gut Wetter. Nach kurzer Verwarnung ließ ich ihn laufen.

Am Kaukasus meldete sich der Herbst. Länger hing der Tau im Gras, später stieg die Sonne. Goldblau erstrahlten die Morgenhöhen, und über ihnen leuchteten die Schneeköpfe von Elbrus und Kasbek. Hirschgeweihe, Hörner vom Steinbock und Rehkronen zierten den Hausgiebel des Jägers, der mich auf einen Bären zu Schuß bringen wollte. Sicher würde es bei Nacht klappen, wenn die Mondfrau über tränenglitzernde Almen schritt und der Bär ihr folgte. Leider war die Lage so ernst, daß die Jagd nicht zu verantworten gewesen wäre. Wir wurden zu Gejagten.

18 feindliche Divisionen hatten uns eingekesselt. Waffen und Gerät wurden gesprengt und jedem freigestellt zu tun, was er wollte. Meine Männer blieben, und wir gingen gemeinsam in die Berge, fanden freundliche Aufnahme bei der Bevölkerung, gute Verpflegung und garantierte Sicherheit.

Ausgeruht und gestärkt hieß es dann wieder Anschluß finden, was unter schwierigsten Umständen gelang. Kaum dort angekommen, mußte das Batallion den Rückzug der Armee decken, lebte drei Tage, ohne verpflegt zu werden, von der eisernen Ration und hatte irrsinnige Verluste.

Am letzten Abend erwischte es auch mich im Nahkampf eines Nachtgefechts, zerfetzte eine Maschinenpistolen-Garbe den linken Unterschenkel. Zum Verbinden verblieb kaum Zeit, und am anderen Morgen meldete sich Gasbrand. Im Dämmerzustand hörte ich weitweg „Amputieren!“ Ich war sofort hellwach und untersagte den Eingriff. Nach langer Dauerdämmerung begann das Gehirn wieder langsam zu registrieren. Man lag im Bett, interessierte sich für nichts, döste, schlief und dachte an nichts. Dauer-Operationen fochten mich nicht mehr an. Monate gingen ins Land, langsam wurde es besser.

Ein alter Jagdfreund besuchte mich öfter, sprach von Jagd und schönen Tagen und brachte mich wieder in Stimmung und auf den Geschmack. Noch völlig matt ging ein Antrag auf Hirschabschuß ans Reichsjagdamt in Berlin, und als die Freigabe eintraf, widmete ich dieser Einladung den Genesungsurlaub.

Der in Allenstein zuständige Kreisjägermeister brachte mich am Purdener See unter. In einem Holzbohlenhaus mit tief herabhängendem Strohdach befand sich das Quartier. Freundlicher Empfang durch die Bäuerin, die eine ihrem Mann zugedachte Flasche entkorkte, ansetzte und in einem Zug halb leertrank. Schnaps war knapp damals, aber sehr gefragt, und warum sollte eine Frau ihn nicht auch mögen?

Dicht am See lag das Haus, fast 200 Jahre alt. Es hatte eine Diele aus Bohlen, die man vor 50 Jahren auswechseln mußte, weil sie vom Tanz der Dorfjugend ausgehöhlt war. Der neue Bodenbelag bestand aus Fichte, war schön glatt und hielt fast 30 Jahre. Dann ereilte ihn das Schicksal der alten. Man legte die ausgehöhlten Kiefernbohlen umgekehrt wieder an ihre Stelle, die nun wieder 150 Jahre hoffen lassen.

Gänse schaukelten auf dem Wasser. Glasklare Silberwellen liefen über den weißen Sand. Wasserhühner riefen, Fische sprangen, und die Sonne schien. Nach dem Essen ruderte Paul, der Bauer, über den See zum Jagdherren. Der Kiel knirschte auf dem Sand, Bauer und Jäger sprangen ans Land. Enten und Hühner beherrschten die ungepflasterte Dorfstraße. In den Gärten blühten üppige Blumen und in dem des Jagdherrn flammte ein Meer aller Farben.

Wir traten ein. Geweihe im Flur, Geweihe im Empfangsraum, eins stärker als das andere. „Alles Abschußhirsche“, erklärte der Jagdherr, „unter 6,5 Kilogramm“. Ob denn noch bessere vorkamen? Er führte uns in den Nachbarraum, und da hingen sie, man staune, bis 11,5 Kilogramm. Man mußte sich erstmal hinsetzen und tief durchatmen. „Ja, und der, den Sie schießen sollen, dürfte diese alle schlagen." Ob 18 oder 20 Enden, konnte man nicht feststellen. Die Botschaft hörte ich, mir schwindelte. Gab es sowas überhaupt? In Nähe eines Einödhofes nahm der Hirsch mit seinem Adjutanten allnächtlich Einstand. Mehrmals sah man beide, und die Fährten bewiesen es obendrein.

Wir ruderten heim, besahen den Anmarschweg, der am Schilf um den See führte. Überall wasserten Enten und Reiher auf, und am frühen Abend bezog ich die Kanzel am besagten Haferschlag.

Bald schmatzten Sauen. Stimmen klangen vom nahen Hof, und ein Hund bellte. Ich saß die lange Nacht und weitere zehn. Kein Hirsch betrat die Bühne, dennoch fährteten sie sich jeden Morgen, so daß man glaubte, ich verschliefe den richtigen Moment. Deshalb bat ich den Beständer, mich abzulösen und die Sitzung bei Tage fortzusetzen. Siehe da, um halb acht standen beide Hirsche im Hafer, und wieder ließ sich die Endenzahl nicht ausmachen.

Am selben Tag stieß ich auf mächtige Plätzstellen in einem Rotklee-Schlag, die von einem alten Herrn stammen mußten. Eine Pappel nebenan bot Ansitzmöglichkeit mit ihren armstarken Ästen, und am Abend saß ich, den Drilling an einen Ast gehängt und für den Fall, daß es schnell gehen mußte, gestochen aber gesichert.

Ein Mordsbock erhob sich, das Herz pochte, und ich tastete nach dem Drilling, entsicherte, berührte den Abzug, und der Schuß pfiff in den Himmel. Ohrfeigen hätte ich mich können! Den Bock würde ich nie wieder sehen!

Um wieder Gleichgewicht zu bekommen, umschlug ich eine im Feld liegende Kieferndickung und studierte Fährten von Hirsch und Sau, als ein Bock meinen Wechsel kreuzte, aus dem Roggen in die nahe Dickung wollte. Drilling hoch und schießen war Werk eines Augenblicks. Ein schneller Schuß trifft meistens, dachte ich bei mir. Und richtig: Rote Perlen auf weißem Sand wiesen in die bürstendichte Dickung. Gewehr beiseite, Hut tief herunter und hinein. Wie ein Keiler schob ich mich voran. Ob der Bock überhaupt geradeaus zog, war die Frage. Und das sofortige Nachgehen war natürlich völlig falsch. Aber meine Stunden waren gezählt. Nadeln stachen, Äste kratzten, die Knie schmerzten. Es hatte keinen Sinn weiterzusuchen.

Ich gab auf, sammelte Nadeln vom Nacken und sah den Bock zehn Schritt vor mir stehen. Herrgott Sakra! Draußen stand das Gewehr, und rühren durfte man sich nicht. Das Hirn summte wie ein Bienenstock. Alles drehte sich, Schweiß rann, und dann kroch ich ganz leise zwei Schritt vor, verhielt und gab noch zwei zu. Das gleiche nochmal im Zeitlupentempo, und dann griff ich zu und hielt seinen rechten Hinterlauf. Auskommen konnte er nun nicht mehr, so fest hatte ich ihn im Griff. Er aber rührte sich nicht mehr, war im Stehen verendet. Seitenzweige stützten seinen Fall. Erst draußen konnte ich ihn bewundern. Der Zufall beschenkte mich mit einem recht guten Sechser, dem von der Pappel ähnlich.

Die letzte Nacht brach an. Fahles Licht goß das vergehende Mondschwert auf Flur und Hafer. In der Kanzelecke rumorten Hornissen. Längst hatten sich die Sauen zum See abgesetzt und beunruhigten das Wassergeflügel. Nichts rührte sich, tot schien die Welt. Um zwei lösten sich zwei dunkle Schatten vom Waldrand, standen lange an einem Platz und rührten sich nicht. Sauen? Nach scheinbar unendlich langer Zeit zogen sie näher. Hirsche! Diana hilf!

Starke Stangen und dunkle volle Kronen trug der hintere. Allzuviel stand ihm der andere jedoch nicht nach. Zum Schuß reichte es nicht, sie mußten noch näher kommen. Plötzlich warfen sie auf und äugten zum See. Nichts Gutes ahnend, sah ich sie schon, die Sauen, schwitzte Blut und Wasser und erhoffte ein gutes Ende. Die Hirsche wendeten, traten hin und her und konnten jeden Moment abspringen. Mit dem Abkommen im Glase war nicht klarzukommen, das Licht genügte einfach nicht. Um Blatt und Halsansatz kreiste der dunkle Stachel, und dann brach ungewollt der Schuß... Vorbei!

Persien

Stundenlang Wüste und kratergespicktes Land unter uns. Lichtgrüne Säume an Euphrat und Tigris, dann näherte sich Bairut mit seiner Waschküchentemperatur, die uns beim Verlassen des Flugzeugs fast die Luft nahm. Das Gefühl gewaltsamer Erstickung verließ uns erst im wohltemperierten Inneren des Flugzeugs.

Am Fuße des weißkämmigen Elburs-Gebirges lag weitausgedehnt Teheran, und der erste Mann auf dem Flugplatz ähnelte dem Schah aufs Haar. Auch hier sengende Hitze. Ohne Kühlmaschine ließ es sich im Hotel nicht aushalten. Stellte man das Ding einen Moment ab, glaubte man, eingehen zu müssen.

Zwei Tage lungerten wir herum, um uns an das Klima zu gewöhnen, dann aber wurde es Zeit, was zu unternehmen. Eingekauft werden mußte und die erforderlichen Papiere beschafft werden. Das forderte Zeit. Allein der Jagdschein kostete einen Tag. Zur Erlangung der Waffenkarte wurde man telefonisch weitergereicht, was einen zweiten Tag beanspruchte. Und überall wartete eine geöffnete Hand, die geschlossen werden mußte, sonst kam man nicht zum Ziel. In jedem Büro wartete ein ausgewachsener Oberst auf Trinkgeld; ohne Bakschisch kein Papier!

Wüste Autofahrer rasen durch die Straßen. Einer versucht den anderen in schneller Fahrt zu überholen. Gehupt wird soviel wie möglich. Bremsen quietschen, Blech klirrt, nur unter Lebensgefahr läßt sich die Straße queren.

Am Abend wehte kühle Luft von den Bergen des Elburs-Gebirges und ließ Mensch und Tier aufatmen. Gletscherwasser macht es möglich, daß eine Menge Kanäle die Stadt durchlaufen, denen man Teewasser entnimmt, in die aber auch Schmutz und Abwässer geleitet werden. Vom Zoo blieb ein Rothirsch in Erinnerung, der sich auf einer 5 x 5 Meter großen Betonplatte bewegen durfte.

Am sechsten Tag endlich war alles zusammen, nahm uns ein Zug, überbesetzt mit Mekkapilgern, auf. Eine Wolke von Knoblauch und Zwiebeln hing über der selbst die Gänge übervölkernden Menge. Halb erstickt und schweißgebadet verließen wir nach stundenlanger Fahrt den stinkenden Käfig.

In Sharud Empfang durch den Postmeister. Stadtrundgang. Danach Fahrt mit dem Geländewagen durch die Salzwüste Richtung Elburs. Kein Baum, kein Strauch. Wanderdünen, hier und dort ein Distelbusch, Staub, heiße Sonne. Stundenlang das gleiche Bild. Schließlich ein grüner Fleck: Wasser, Oase, an der Noah mit seiner alten Frau neben einer Lehmhütte hockte. Hohl deren Wangen, zahnlos der Mund, trübe Augen. Überbleibsel längst vergangener Zeiten.

Als sie „Alemanni" hörten, leuchteten die Augen der Alten, und sie boten alles, was sie besaßen, reichten Fladenbrot, Milch, Käse und Tee. Wir spendeten Streichhölzer, Kaffee, Schokolade und Keks.

Beim Verabschieden von den beschämend netten Menschen bemerkten wir hinter der Hütte zwei Brunnenbauer. Der eine hing am Seil und kratzte in dreißig Meter Tiefe Erde in einen Ledereimer, den der andere hochzog und entleerte. Was, wenn der Riemen riß oder das Erdreich zusammenstürzte? „Allahs Wille."

Ausgedörrt und völlig verstaubt hielten wir am späten Nachmittag im Dorfe des Shikari. Vom Ort selbst nichts zu sehen. Auf Befragen wies man auf Säcke an den Steilwänden eines Trockenflusses, die als Haustüren der Bauten dienten. In einer engstehenden kleinen Pappelgruppe ein halbfertiger Lehmbau mit Krummhölzern bedeckt. Grassoden für die Bedachung daneben.

Ismael Malek, Hausherr und Jagdführer, stellte sich vor und wies uns den Übernachtungsraum. Decke, Wände, Fußboden, alles echt Lehm. Zwei Teppiche, 2 x 1 Meter groß, zum Schlafen – das war alles.

Eine alte und eine junge Frau besaß Ismael. Zu melden hatten beide nichts, aber reichlich Arbeit. Wie gut dressierte Hunde gehorchten sie und wurden entsprechend behandelt. Wie es mit der Liebe aussieht, wollten wir wissen. „Das Los entscheidet, wem das Glück zufällt."

Volksgemurmel weckte uns am anderen Morgen. Männer palaverten, Hühner gackerten, Hunde bekamen Tritte, und am jenseitigen Hang zogen an die tausend Schafe. Am Ende aller Packerei gleisten Kupferkessel und Messingschalen bei aufgehender Sonne auf den Tragtieren.

Ismael saß auf und sprengte mit seinem Araberhengst davon, die Karawane folgte. Mich hatte man auf dem größten Pferd verstaut, das so bepackt war, daß kaum Blickfeld blieb. Langsam kroch der Wurm zu Berg. Öde Gegend, kahle Hügel, die stetig steiniger wurden. In flimmernder Hitze waberten schroffe Wände.

Mein Reittier bevorzugte den äußersten Rand jedes Steilhanges, um mich das Fürchten zu lehren. Depressive Gefühle in der Magengegend. Angst abzustürzen. Das Vieh von Gaul ließ sich nicht vom Wege abbringen. Bei Gewaltanwendung hätte es mich mit Sicherheit in den tiefsten Kessel gepfeffert.

Auerhuhngroße Köningshühner donnerten davon. Bergdohlen umkreisten die Hänge, und am Abend überschritten wir den Kamm des Gebirges. Verbrannte Erde lag hinter uns. Vorn grünte die Welt. Laubhölzer, Ilex und Wacholder wucherten. Die Aufwinde des Kaspischen Meeres spendeten mit ihrer Feuchtigkeit diesen Segen.

Unter gilbenden Ahornen gewährten uns Zelte eine geruhsame Nacht. Blattgold rieselte, ein Bergbach plätscherte. Im Lehmboden Fährten von Hirsch und Sau.

Kesselgerassel weckte uns. Mohammed, der alte Koch, waltete seines Amtes, kochte Tee, ohne den der Perser nicht denkbar ist. Frei liefen die gehobbelten Pferde herum. Hammelbraten duftete, der mit dicken Zwiebeln am Spieß röstete. Ismael hatte ihn in der Nacht von nomadisierenden Schäfern besorgt. Frisches Fladenbrot, Butter, Käse und Tomaten. Es ließ sich leben hier oben im Berg, fernweg vom Mensch und seiner Kultur.

Das Los entschied, wer wen führte. Dr. Ehret erhielt heute Ismael. Ein Roßführer begleitete mich. Durch dichten Wald führte die Pirsch.

Gleich hinter dem ersten Berg brachen Sauen, eine Rotte von über zwanzig Stück mit stärkeren Stücken und einer Menge Frischlingen. Vom Abschuß wurde abgeraten, weil Allah das Schwein für unrein halt und seinen Genuß verbietet.

Ismael hatte uns auch wissen lassen, daß schon das Anfassen der Sau Sünde sei. Sollten wir dennoch eine schießen, würde kein Topf zur Verfügung gestellt, auch die Schwarte käme auf kein Pferd.

Obwohl die Waffen eines starken Keilers lockten, mußte man sich überlegen, ob man schießen sollte. Trotzdem streckte der Doktor eine, die er aber lassen mußte, wo sie war.

Herrlicher Wald am Nordhang dieser Berge, und völlig von Sonnenhitze verbrannt die Südseiten. Die einzeln dort noch stehenden Bäumen hatten die Schäfer entastet, so hoch sie konnten, um Ziegen und Schafen Futter zu schaffen, ohne zu überlegen, welchen Schaden sie damit für ihre Kinder und deren Nachfahren anrichteten. Die Genügsamheit der vieltausendköpfigen Herden geht ins Unwahrscheinliche, wenn man bedenkt, daß auf einem Quadratmeter nur ein oder zwei Grashalme wachsen. Außer Schafen und Ziegen wollen Steinböcke und Wildschafe obendrein Äsung finden. Ein Rätsel, wie es möglich ist.

Ein gradschäftiger Eichenbestand nahm uns auf, in dem auch wieder Sauen pflügten. Ein starker Keiler dabei mit fingerlangen Waffen. Sollte man? Nein, nicht. Weiter. Ein Ilexhang schloß sich an. Ihm folgte steinübersätztes Gelände, in dem eine Steingaiß mit Lamm zog.

Im Boden einer Pfütze Fährten von Bären, Maral und Sauen. Laub fiel, der Himmel blaute, es war schön und das Leben eine Freude.

Am anderen Tag führte Ismael. Es ging bachabwärts über Stein und Fallholz, durch stachliges Ilexgebüsch und lichte Eichenbestände, vorbei an brechenden Sauen und roten Felspartien. An einer weißen Sandschelle des Bergbaches ließen wir uns nieder und versuchten ein Gespräch, das aufgrund des spärlichen Englisch von beiden Seiten nicht in Gang kommen wollte. Wenigstens die Begriffe für die dort vorkommenden Wildarten sollte man beherrschen.

Ich zeichnete einen Hirsch in den Sand und ließ mir sagen, wie er auf persisch hieße. Es folgten Bär und Steinbock, und als wir beim Reh waren und die Umrisse im Sand standen, wußte er keine Bezeichnung dafür. Er zuckte mit den Achseln, um zu sagen: gibt es nicht. Kaum denkbar. Ich erhob mich und schreckte. Weil es ihm ein Lachen entlockte, wiederholte ich es.

Und dann machte Ismael ein langes Gesicht, als oben aus der Ilexdickung Antwort kam, ein Reh schreckte.

Im gleichen Augenblick sah ich es rot aufleuchten, hob die Büchse und schoß. Der Shikari hatte nichts gesehen und schaute mich fragend an. Worauf ich ihm bedeutete aufzusteigen. Er startete und ließ sich einwinken. Bald erscholl ein Freudengeheul. Er hatte gefunden und schleppte den Bock herab.

Es war ein Sechser, wie er in der Lüneburger Heide vorkommt. Wie Kinder freuten wir uns über das Erlebnis.

Weiter ging's durch Busch und Gefels. Und dann saß ein Steinbock auf hoher Zinne und schaukelte schläfrig seine meterlangen Hörner auf und nieder. Isamael sollte zurückbleiben, ich wollte ihn alleine angehen. Eine weite Ilexdickung mußte durchquert werden, bei deren Anblick einem schon schauderte. Was half's. Hinein!

Gab die Dickung den Blick frei, sah man den Bock auf dem roten Fels. Hoffnungsvoll plagte man sich weiter durch das stechende Zeug. Es gab keine Stelle am Körper, den die nadelspitzen Ilexblätter nicht zerschunden hätten. Das Hemd klebte, und dann ging dicht vor mir ein Bär hoch, bot ein kurzes Ziel, aber es reichte nicht zum Schuß. Bald danach hatte der Bock seinen Platz geräumt, mußte man aufgeben und war froh, dem Zeug entronnen zu sein.

Wir traten den Rückweg an. Wald und Lichtungen wechselten. Ein bachdurchzogenes Tal tat sich auf, in dem ein Rudel Marale zog.

Kein Hirsch dabei. Ein Tier tat's auch, der Verpflegung wegen. Das letzte Stück, Feuer! Mit gesträubtem Rückenhaar folgte es dem Rudel und brach mit zweiter Kugel zusammen.

Das Stück war wesentlich stärker als unser Rotwild und hatte eine damwildbunte Decke.

Im Lager überraschte uns die Meldung eines vom Doktor erlegten Leoparden, der keiner sein sollte. Beim Beobachten von Sauen schlich ein rötlichgrauer Schatten durch Gras und Kraut, der seinen Schuß herausforderte. Und dann lag ein Luchs.

Abends belegte mich die Mannschaft mit Beschlag, um ein deutsches Lied zu erlernen, und dann hallte es von den Wänden; „Umba, umba, täterä-täterä ..."

Und wieder führte Ismael bergwärts. Über rundköpfige Steine tänzelten die Pferde mit erhobenen Schwänzen und gesteilten Ohren. Je höher wir kamen, desto heißer wurde es.

Die Pferde blieben in Deckung, und wir suchten auf dem Kamm nach einem Ansitzplatz. Ismael setzte sich hinter einen Kopf und hielt Augenverbindung mit mir. Wenn er was sah, sollte er ein Zeichen geben. Völlig ruhig stand die Luft. Keine Mücke sirrte, kein Blatt fächerte. Wie schön ist doch hier das Leben. Wie anspruchslos der Mensch, wie rein die Luft, ohne Krach, Streß, Neid, Mißgunst, kein Telefon stört den häuslichen Frieden.

Ismael winkt, ich muß zu ihm. "Was ist?" – „Unten am Wasser zwei Bären."

Steil ging's eine Lehne fast hundert Meter abwärts, im Bach über algengrüne, glitschige Steine wieder hinauf. Um schneller voranzukommen, nahm Ismael mir die Büchse ab und wieselte davon. Sehr schwer, ihm zu folgen. Geröll, Felsen, Löcher, Bruchholz wollten überwunden, umgangen, überklettert sein. Um in ein anderes Bachtal zu gelangen, war eine steile Steinwand zu überwinden. Mit Krampf hinauf und Elan wieder runter. Im Eiltempo weiter. Wie ein Kater nahm der kleine Kerl alle Hindernisse, und ich wollte mich nicht abhängen lassen. Wieder eine Steilwand, und schon hing er oben, winkte und trieb zu Eile.

Alle Vorsicht vergessend, griff ich in den scharfen Stein, zerschnitt die Finger und sah über den Rand hinweg die Bären, konnte mich aber nicht halten und fiel zurück. Schon stand der Jäger neben mir, bot mir Büchse und Schulter, um nach oben zu kommen; ich blieb auf seiner Schuler zielte auf den silbergrauen und schoß. Schnell repetiert und noch einen Schuß auf den flüchtig abgehenden.

Elegant übersprang Ismael den schmalen Grat, lief voran und stutzte, wies ans Wasser und hielt mich zurück. „Urs kaputt!" Da lag der Silbergraue und rührte kein Glied. Unbewußt hätte ich mit dem anderen Schuß den zweiten Bären gemeuchelt.

Der nächste Tag brachte uns ins Gebirge zu Schaf und Steinbock. Grell-leuchtende Steinhalden über Dusterwäldern. Oberhalb der Baumgrenze klapperten die Hufe über nackten Fels. Kurz vor Überschreiten des Kammes: Pferde anbinden. Unter uns ein geräumiger Talkessel mit grünen Matten, Wasser mittendrin. Im Windschatten eines Felsens konnte man es aushalten. Halbrechts unten ein Loch im Fels. Vor Jahren hockte Ismael an gleicher Stelle, hoffte auf Bock oder Widder, als ein Mann aus dem Felsenloch kroch. Dem Aussehen nach paßte die Beschreibung einiger das Land verunsichernder Räuber auf ihn, die die Schäfer ausraubten und erschossen, wenn sie sich wehrten. Die Polizei war ihnen gegenüber machtlos und setzte eine hohe Prämie auf ihren Fang oder Erledigung. Weil Ismael im weiten Umkreis jeden kannte, war er sicher, einen der Mörder vor sich zu haben. Und als dieser an der Quelle kniete, bekam er die Kugel und schlug ins Wasser.

Vorsicht war geboten, die Genossen konnten von überallher auftauchen. Nach einer halben Stunde kroch Nummer zwei aus dem Loch, reckte sich und schlenderte zum Wasser. Als er seinen toten Kameraden sah, warf ihn die Kugel ins Gras. Schon kreiste der erste Geier am Himmel. Andere gesellten sich dazu. Königshühner riefen, und die Steine begannen zu glühen.

Ismael wollte sich absetzen, da sah er Nummer drei aus der Höhle kommen. Die Kugel Mitte Brust zeigte Wirkung. Der Kerl faßte sich an den Einschuß, warf die Arme hoch und schlug hin. „Eine tolle Triplette", sagte er lachend. Es gab ein gutes Kopfgeld, und eine Räuberpistole durfte er behalten.

Wir ritten weiter in immer dünner werdende Luft, stießen auf Wanderschäfer, die uns ohne Tee nicht weiterließen. Haar und Bart hingen monatelang unter einem verwetterten Schlapphut. Rock und Hose, verschmutzt, fellgeflickt und zerschlissen. Bösartige Riesenhunde bewachten die große Herde, die ohne Zweifel jeden Bären schafften. Über ein Hochplateau schlichen die Pferde mit hängenden Köpfen und Zungen. Bis zu einem Felsvorsprung wollten wir noch und dort absitzen, im Tal dahinter könnten Schafe stehen.

Zu Fuß denn zum Felsen und vorsichtig um die Ecke geblickt, Köpfe so tief wie möglich, Schafe äugen scharf. Ein langgezogenes Tal, soweit das Auge reichte. Keine beweglichen Punkte, kein Lebewesen. Weiter gerobbt bis zu voller Kammhöhe, und dann zogen wir beide gleichzeitig die Köpfe ein. Schafe vorn unter uns. Achtzehn Stück. Lauter Widder, Altherrenklub.

Trotz der etwa 300 Meter Entfernung forderte Ismael, sofort zu schießen. Sie hatten uns weg und traten durcheinander. Hoch anfassend ließ ich auf den letzten Widder fliegen. Kugelschlag. Nun kam Leben in die Gesellschaft. Mit schlenkerndem Vorderlauf folgte der Beschossene dem Rudel. Wir auf die Pferde und ihm nach. Das Rudel aber war so schnell, daß wir es aus den Augen verloren und damit auch den Widder.

Gegen Abend ritten wir in ein Hochtal. Eiskalter Sturm heulte in den schroffen Wänden, zwischen denen ein Bach dahinjagte, an dem gezeltet werden sollte. Jeder kratzte sich eine Mulde ins Geröll für den Schlafsack und baute sein Zelt darüber. Es wurde eine kalte Nacht mit beißendem Frost. Vor Kälte drehte man sich von einer Seite auf die andere und fand keinen Schlaf, und als der Morgen graute, war man krumm und lahm und elend müde.

Während bei uns unten im Tal noch Dunkelheit herrschte, gleißten oben schon die weißen Zinnen. Leutegewimmel am Wasser bei Morgenwaschung und Gebet. Der Koch im Funkenstieben bei klappernden Töpfen. Steine polterten krachend in die Tiefe, und hoch über uns äugte ein Widder mit kreisrunden Schnecken in die Tiefe herab. Ein Götterbild aus der Zeit der Pharaonen. Ismael trug einen langen Chinesenpelz, den er von einer Jagdreise aus dem fernen Osten mitbrachte. Er sah aus wie ein lebendiger Götze. Im Vorjahr übernachtete er an gleicher Stelle mit dem Bruder des Schahs und verhalf ihm zu Bock und Widder.

Bergdohlen umflogen wie Papierschnitzel die Hänge. Hühner gockten, und als Sonnenstrahlen den schmelzweißen Grund erglühten, wechselte ein Bär über die silberblaue Schneehalde, an dessen Rand Ismael mit dem Doktor pirschte. Plötzlich gallopierte das Wild davon. Sekunden später hallte ein Schuß herüber.

Eine Stunde später hatten sie einen zweiten Bären vor, der auf erhöhtem Punkt wie ein Denkmal stand und Ausschau hielt.

Auch er wurde gefehlt. Dann hatten beide genug und pirschten zurück, um auf halbem Wege einen dritten Bären vorbeizuschießen. Der Doktor ließ sich nicht trösten und halten. Er packte seine Sachen und ließ sich zurückbringen, um Teppiche zu erjagen.

Am anderen Morgen ritt ich mit Ismael in die Berge, wo bald eine steile Schotterbahn den Weg sperrte. Zu steil, um hinüberreiten zu können. Frisch ritt der Jäger drauf los. Mein Pferd folgte, und dann setzten sich beide auf die Keulen und rutschten flott talwärts. Hunderte von Metern brachten wir so hinter uns und standen dann auf der Talsohle einer Mondlandschaft, an deren steilender Hinterwand ein kupferglänzender Bär langausgestreckt vor dem Eingang seiner Höhle auf einer Steinplatte ein Sonnenbad nahm. Halbrechts über ihm äste ein Widder mit einem Dutzend Schafen und Lämmern. Das war, was wir suchten. Eine Mulde wies uns Steg und Weg, der uns in einem Graben näher bringen würde. Auf halbem Weg dorthin zwang uns ein anderes Rudel zum Ausweichen in eine tiefe Rinne, durch die jetzt ein starkes Widderrudel in langer Reihe zum Grat zog.

Im hohen Elburs-Gebirge.

Vierzehn Stück, einer stärker als der andere, als letzter ein Kapitaler. Ismael blieb zur Beobachtung am Platz, ich pirschte hinterher. Der frische Wechsel führte mich zum Grat einer scharfkantigen Schlucht, die sich zu einem Kessel weitete, gut einsehbar und ohne jegliche Deckung. Bedächtig über den Kamm lugend, suchte das Glas die Gegend ab. Nichts rührte sich in der Steinwüste. Ich tat das einzig Mögliche: setzte mich und wartete über Stunden. Vergeblich.

Um die Mittagsstunden endete die Sitzung. Auf dem Rückwechsel fielen Schüsse, sahen wir in einem Seitental Zelte und spielende Kinder, und zu gleicher Zeit setzte eine Kanonade ein, zu der Ismael sagte: „Im Umkreis von zehn Kilometern werden wir in den nächsten Tagen kein Schaf mehr sehen."

Er mußte es wissen und ich es glauben. Tapetenwechsel erforderlich. Nacht sank. Mond und Morgenstern im Verblassen. Aus einsam heraufschauernden Nebelbänken lockte der Königshahn, und in blauer Vorfrühe klapperten die Hufe über Berg und Tal einer fremden Gegend zu. Bergdohlen im Schwebflug, ein Adler über ihnen. Kuppen, Gräben, Schluchten. Schweigeritt durch Unendlichkeit wilder Berge.

Überraschung durch sechs hinter einem Fels hervortretende Steinböcke. Meterlang die Hörner, fahlgelb ihre Decken. Ein Satz, und weg waren sie. Nachsteigen sinnlos.

Tot erschienen in der Folgezeit die Berge, ausgestorben das Land. Was Wunder in der mittäglichen Prallhitze. Unter dem Überhang eines schattigen Felsens Pause auf feuchtem Grund. Hier war Wohlsein und guter Fernblick.

Weitweg weilten die Gedanken, bei Haus und Frauen des Shikari. Wie sehr mußten sie wohl unterm Schleier und schwarzer Kleidung schwitzen, die erbarmungswürdigen Sklavinnen; bar jeden Rechtes, nur dem Mann und der Arbeit verpflichtet.

Begegnete ihnen ein Mann, hatten sie mit abgewendetem Gesicht zu verharren, bis der Herr der Schöpfung außer Sicht war. Eines Grußes waren sie nicht würdig, auf den jeder kleine Junge ein Anrecht besaß.

Da brüllte der Berg, schob, schwamm, rutschte. Felsen kreischten, Steine grollten, das Land kochte und dampfte. Während in unmittelbarer Nähe alles heil blieb, hatte sich der halbe Berg vor uns selbständig gemacht und verabschiedet. In der abgeschnittenen steilen Steinwand irrte nach nicht langer Zeit ein Steinbock auf schmalen Band und Vorsprüngen herum, nicht jagdbar, aber von der Küche begehrt.

Stocksteifes Verhalten nach Empfang der Kugel. Jähes Einknikken, Abkippen mit himmelwärts gestreckten Starrläufen. Aufschlag in Kirchturmtiefe. Schweißflecke markierten die Aufschläge der Todesbahn. Tief und tiefer führte sie. Wie lang doch so ein Weg sein kann. Plötzlich stürmte der Jäger los, sprang in eine Klamm, griff den Bock und säbelte ihm das Haupt ab. Allahs Wille. Nur ein geschächtetes Tier ist genießbar.

Spät abends traf ein kaiserlicher Kurier im Lager ein und befahl Ismael zu Hof. Weil ich unbedingt einen Widder haben wollte, bat ich den Shikari, einen Tag zuzugeben. Er sagte zu, und am kommenden Morgen trugen uns die Rosse über schwarzes Kohlegestein, vorbei an lichten Distelfeldern zu fernen Bergen. Die Sonne stach, die Hitze war groß, nichts als Steine. Nach Stunden zeigte sich ein Widder am Horizont und hob die Stimmung. Voller Hoffnung ging's ihm entgegen.

Aber eine halbe Stunde später zog rechterhand ein Bär am Hang. „Altbär", so Ismael, „den müssen wir unbedingt mitnehmen, so was gibt's nicht alle Tage."

Obwohl mir der Widder lieber war, willigte ich ein. Ein unvergeßlich schwerer Anritt nahm seinen Anfang. Was der Berg an Schluchten, Rissen, Spalten und Steinen zu bieten hatte, stellte er uns in den Weg. Hochoben hielten wir vor einer abschüssigen Lawinenbahn mit feinsplittrigem Schotter. Es gab keinen anderen Weg, wir mußten hier runter. Wir traten an die Bahn, prüften den Grund, Ismael hakte mich ein, und schon glitten wir, stehend wie auf Skiern, in flotter Fahrt zu Tal.

Auf der lustigen Schußfahrt überkam mich ein Wanken. Ich flog auf den Spiegel und verfiel dem Zahn des Berges, der sich in den Keulen verbiß. Wie glühende Kohlen brannte der Allerwerteste. Ismael hielt sich aufrecht, grinste und landete ungestraft im Talgrund, rannte den nächsten Kopf aufwärts und trieb zu Eile.

Blutige Wäschefetzen flatterten in meinem Kniegelenk. Wie Feuer brannten die Wunden. Warm lief das Blut über die Waden in den Schuh. Mein Bedarf war vollkommen gedeckt, alle Jagdlust dahin. Mochte aus dem Bären werden was wollte. Schluß. Ismael kam zurück, kniete sich neben mich und flehte zu kommen: ein Altbär, eine einmalige Gelegenheit. Ob er Alkohol in die Wunden geben sollte? Nein, das nicht, aber etwas in die Kehle dürfte sein. Noch einer, und nach dem dritten und vierten Schluck zeigte ich mich einsatzbereit.

Ganz langsam krochen wir zum Kamm, lugten drüber hinweg und sahen das Wild beim Steinewenden in Arbeit vertieft. Silbergraues, wallendes Langhaar, das in der Sonne glänzte und gleiste. Zu anderem Steinen trieb es ihn und zum Wühlen im Geröll. Auf hohler Hand lag die Büchse auf der Rucksackunterlage, in schierem Silber tastete das Abkommen, und dann krümmte sich der Todesfinger. Er fiel einfach auf den Bauch, während ringsum das Echo den Schuß weitergab, dann rollte er abwärts, rollte und rollte, bis ihn ein Felsbrocken stoppte.

Vergessen waren alle Schmerzen im Hinterteil, die Beute rief. Als wir bei ihr standen und ich einen Griff ins Haar tun wollte, riß mich Ismael zurück. Schon in jungen Jahren hatte ihn Erfahrung Vorsicht gelehrt.

Einen Jungbären zur Strecke, wollte er ihm, ohne lange zu warten, an die Decke. Schon saß ihm der Bär mit festem Biß am Knie und ließ sich nicht abschütteln. Er konnte noch sein Gewehr angeln und den Gegner durch Kopfschuß erledigen. Seither wartet er ab, bis die Lichter gebrochen sind und wirft einen Stein auf das Stück, bevor er es anfaßt.

Außerordentlich feist gab sich der Bär. Sorgfältig sammelte Ismael alles ab, denn es bringt viel Geld und heilt alle Leiden.

Mit Decke und Haupt zitterten wir wieder bergaufwärts, schwitzten mächtig und erreichten todmüde die Pferde.

Hoch über uns kreisten Vögel am Himmel, nur als kleine Punkte sichtbar. Bald spiralten sie abwärts, wurden groß und größer, landeten und stürzten sich auf den Torso. „In einer Stunde wird nichts mehr, auch kein Knochen am Platz sein“, sagte Ismael und schwang sich auf seinen weißen Hengst.

Canada

Ausgangspunkt der Jagdreise war eine Jagdhütte auf einem Felsen an einem Fluß zwischen Calgary und den Rocky Mountains. Bis in die blauenden Berge reichte der Blick. Unter uns rauschte der Fluß, gründelten Enten, an seinem Ufer pirschte ein Coyote. Gert hatte mit dem Farmkauf einen guten Fang getan.

Eine Entenjagd sollte den Anfang der „Safari“ machen. Im Raum Edmonton wußte er eine gute Wasserwildgegend, zu der es morgen gehen sollte. Flinten, Munition und Papiere lagen bereit.

Der Weg dorthin führte durch fruchtbares Land, Weizen- und Gerstefelder, Hafer und Luzerne. Kein Wald, jedoch häufig Seen, Teiche und Gewässer mit Buschwerk. Ideal für Gans und Ente, Nerz, Bisam und Biber.

Schnurgerade die Straßen und in bester Ordnung. Sechzig Meilen Höchstgeschwindigkeit, nichts für den großen Mercedes, der schneidig dahinbrauste und Kilometer fraß.

Nicht lange, und ein Straßenkreuzer überholte uns und bat rechts ran. „Fahrzeugpapiere und hundert Dollar bitte wegen überhöhter Geschwindigkeit.“

Lagen schon auf den kleinen Teichen an der Hauptstraße überall Enten, überraschten uns die Mengen auf den Seen. Sie waren schwarz von Gänsen und Enten und unbeeindruckt von uns. Es war ein Pfeifen und Rufen, ein Schnattern und Rauschen, daß man aus dem Staunen nicht herauskam.

Hundertfünfzig Patronen wurden jedem zugeteilt, der Stand angewiesen, und dann begann der Kampf mit der Waffe, der unmöglichen Pumpflinte, bei der man im erregenden Moment immer die Rückwärts-Bewegung vergaß und gerade manche Canadagans unbeschossen ziehen lassen mußte. Mit den Patronen schien auch nicht viel los zu sein. Zunächst nahm ich an, zu weit zu schießen, stellte dann aber bei einer geflügelten Ente fest, daß sie erst beim vierten Schuß auf dreißig Schritt lag.

Auf Gänsen hörte man die Schrote prasseln, aber fallen wollte keine. Auf schwimmende Enten zu schießen, fiel uns nicht ein – abgesehen davon, daß es unwaidmännisch und verboten ist. Aber seltsamerweise nahmen sie von den Schüssen überhaupt keine Notiz, dachten überhaupt nicht daran wegzufliegen.

Des Guten war hier einfach zuviel, der Reiz fehlte. Dauernd hingen Vögel in der Luft, hieß es schießen, laden. Nach Stunden standen wir dann mit einigen Dutzend Enten da und wußten nicht, wohin damit. Gerts Verwalterin lehnte dankend ab. Rindfleisch macht weniger Arbeit. Wir entledigten uns der Beute auf einigen Nachbarfarmen, auf denen die Frauen außer Haus waren. Ich bin ein großer Freund von Entenjagd, mit gutem Hund allerdings und guter Flinte. Dennoch wird mir der Wildreichtum der canadischen Seen unvergeßlich bleiben.

Als wir kurz nach dem Mittag zurückkamen, erzählte uns der Verwalter, daß an tausend Gänse am Morgen am Fluß auf der Farm lagen. Gegen Abend schlugen uns Biber in den Bann, denen wir von der Veranda zusahen. Einer raspelte lange an einer Pappel. Grobe Späne flogen, und wir waren gespannt, ob der mannstarke Baum fallen würde und wohin. Nicht allzulange ließ er uns warten. Dann neigte sich die Pappel und fiel in den Fluß.

Seine Arbeit ging weiter. In meterlange Enden begann er den Stamm zu erlegen, wobei ihm drei hinzugekommene Artgenossen halfen. Zwei entasteten den Stamm, und dann begann man mit dem Abtransport zu einer bestimmten Stelle, an der der größte Biber mit der Befestigung des Dammes begann. Mit spielerischem Fleiß schaffte die Familie die Grundlage eines neuen Staubeckens.

Die sorglose Zeit, in der jeder sein Vieh grasen lassen konnte, wo er wollte, die glückliche Zeit ist auch hier vorüber. Die Flöte, mit der der Indianer abends über das dunkle Flußtal hinweg seine Geliebte rief, vergessen, verstummt.

Die Mittagsente in meinem Inneren rebellierte wegen ihrer Einsamkeit. Der Hunger rief, und für den morgigen Tag gab es noch eine Menge zu tun. Nach Britisch Columbien sollte es gehen auf Elch und Wapiti, Bär und Wolf. Vorgenommen hatten wir uns eine Menge, aber mit halbem Erfolg wären wir schon zufrieden.

Schön ist das Land, herrlich die Rocky Mountains, märchenhaft schön der „Lake Louise“. Längs der Felsenkette führte der Weg nach Cranbrok, wo der Jagdführer wartete. Ein Lastwagen brachte Pferde und Gepäck ins Jagdgebiet voraus. Wir folgten mit dem Pkw.

Beritten ging's stundenlang durch dichten Busch, Sumpf, und Wald. Schließlich schimmerte Wasser durch die Bäume, aufsteilendes Gebirge dahinter. Lawinenbahnen auf ihnen, und auf der einen ein Bär, drei Wapiti auf der anderen.

Das gleißende Wasser glich einer Forellenzucht-Anstalt, Teich reihte sich an Teich. Biber hatten aus einem Bach ein seeartiges Gewässer geschaffen.

Gegen Abend saßen wir bei einer stabilen Blockhütte ab, groß genug für zehn Männer. Biber rumorten im Wasser, Fische sprangen. Feuer loderten, und Fleisch briet an Holzspießen. Recht gemütlich gab sich der Abend. In der Nacht heulte jenseits des Sees ein Wolf. Weither erscholl Antwort.

Am anderen Morgen hatten die Pferde sich selbständig gemacht, begann die Suche. Wer das kennt, weiß, daß der Tag verloren ist. Den Freunden war das unbekannt. Ich entschloß mich zu einer Alleinpirsch und beschrieb ihnen den Gang meines Vorhabens. In den Lawinenbahnen sollte für den Abend ein Ansitzplatz ausgemacht werden, und zeitig, so gegen Mittag, wollte ich zurück sein. Ich verzichtete deshalb auf Mitnahme von Verpflegung und warmer Kleidung, griff Büchse, Fernglas, Windjacke nebst Rucksack und zog los. Über einen Biberdamm führte die Reise ans andere Ufer. Ein Biber begleitete mich im seichten Wasser, schwamm ganz nahe heran, beäugte das fremde Wesen und verabschiedete sich mit einem knallenden Kellenschlag. Ein weiter Sumpf schloß sich an, der allmählich in Erlenwald überging. Danach stieg das Gelände an. Zypressen und Fichten lösten Hemlock- und Kieferbestände ab.

Ein Wildwechsel führte quer hangwärts über Lawinenbahnen mit dazwischenliegenden Waldstreifen von Niederholz. Langsam, aber stetig kam man höher. Außer Waldhühnern zeigte sich nichts. Ihre Vertrautheit grenzt, aus menschlicher Sicht, an Dummheit. Mit einem Stock kann man sie glatt vom Zweig schlagen.

Nach Stunden der markante Satteleinschnitt am Kamm, und auf schmaler Almwiese in ihm Fährte über Fährte von Elch und Wapiti.

Hinter dem Kamm ein weiter Kessel mit abgebrannten Bäumen, drohende Zeigefinger verkohlter Baumleichen. Ein vielversprechendes Gelände für die Jagd aufgrund der guten Sichtmöglichkeiten. Am Abend würde ich hier ansitzen und hoffen.

Es war nun an der Zeit umzukehren. Dem Sonnenstand nach war es Mittag. Auf dem Kammrücken bot sich ein dicker liegender Baumstamm zum Verweilen und Überdenken an. Die Büchse auf den Knien, wärmten Sonnenstrahlen den Rücken. Schön war die Welt und man mit sich und ihr zufrieden.

Drahtdünnes Mückengesirr, Singtanz von Schnaken. Zwei tief herab beastete Fichten vor dichter Kieferwirrnis. Zwischen Stein- und Astwerk flitzte ein Erdhörnchen herum, rasselte baumaufwärts, rutschte herab, verschwand in einem Erdloch, erschien wieder und näherte sich mehr und mehr, um schließlich auf meinem Schuh zu landen. Ein Vogel pfiff, leis' raunte der Wald. Wieder pfiff der Vogel. Seine dritte Strophe endete ähnlich dem Luftablassen eines Blasebalgs. Sollte das etwa ein Wapiti sein? Gelesen hatte ich ähnliches.

Näher kam das Pfeifen. Die Hände umspannten die Büchse. Ich ging in Anschlag, man konnte ja nicht wissen. Mitunter muß es sehr schnell gehen. Und dann sah ich durch das „Fensterloch" der Altfichte eine Bewegung, erkannte im Zielglas ein krausgelocktes Hirschhaupt mit Aug- und Eissprossen beachtlicher Stärke, hielt kurz unter die Unterlippe und ließ fliegen. Trotz aller Bewegungslosigkeit mußte der Hirsch mich eräugt haben und hatte kurz verhofft. Kein Rumpeln, kein Fortbrechen. Es währte seine Zeit, bis ich mich fing, wieder klar sah. Zu groß war die Überraschung. Am Anschluß fand ich jedoch nichts, weder Eingriffe, noch Schweiß oder Schnitthaar.

Wer ist schon in der Lage, binnen Sekunden Ziel zu fasssen und die Kugel auf den richtigen Fleck zu setzen? Vielleicht fehlte dem Geweih auch das Oberteil, tröstete ich mich. Zu schnell ging alles, um es klar erfassen zu können. Ich suchte im Umkreis, suchte hin und her. Nichts.

Es wäre zu schön gewesen. Hol's der Teufel! So eine Gelegenheit bietet sich nicht wieder, das gibt's nur einmal. Ich war deprimiert. Gefühl kalter Überschattung. Ich stand vor einem Abgrund. Solch Fall läßt sich nicht mit Gewalt beenden, die Last im Herzen bleibt.

Immer wieder spielte das Abkommen unter der Lippe des bulligen Hirschhauptes. Das konnte doch kein Fehlschuß sein.

Von Neuem begann die Sucherei, so leicht gibt man nicht auf. Stöcke wurden zwischen dem Baumstamm und dem Fenster in der Fichte gesteckt und von hinten die Verlängerung angegangen. Ich landete an einer anderen Fichte. Weiter weg stand sie, und beim Einrichten stellte ich fest, daß die Richtung über die Stöcke zum Rucksack genau stimmte. Wie man sich doch irren kann. Feucht war es hier obendrein, das Moos suppte auf völlig trockenem Boden. Ein unwillkürlicher Blick nach unten zeigte rote Schuhspitzen. Schweiß in halber Schuhhöhe. Unter den Randzweigen eine Lache. Beim näheren Hinsehen wuchtete eine Stange aus dem Wildwuchs. Da lag der Hirsch. Die Kugel auf dem Drosselknopf hatte das Genick zertrümmert und ihn im Schuß verenden lassen.

Unter düsterem Gezweig entwickelte sich ein Kampfgeweih grimmiger Zweckhaftigkeit. Langdolchige Aug- und Eissprossen über mächtigen Rosen. Handspann über meterlang die dunkelbraunen Stangen bei gleicher Auslage. Zwölf regelmäßige, lange weiße Enden. Auf brokatgrünem Teppich lag ausgestreckt der Waldesfürst, und ich hatte allen Grund, dankbar zu sein für die Gunst der Stunde und die Gnade des Erlebens.

Zum Aufbrechen reichte meine Kraft nicht, er war nicht zu bewegen. Beim Lüften meldete schon der erste Rabe und rief die Verwandschaft zum großen Schmaus. Bald kreiste ein Dutzend seiner Angehörigen und forderte meinen Abschied.

Um schnell zur Hütte zu kommen, nahm ich einen Elchwechsel, der steil zu Tal führte. Lichtgolden der Bergwald. Erdhörnchen und Haselhühner im Mysterienspiel von Licht und Schatten. Sattgrüne Dickungsdüsternis mit lichtdurchfluteten Felspartien. Am Spätnachmittag der See. Rinnende Biber in Silberwellen. Glasklar die Flut. Der kleinste Stein am Grund deutlich sichtbar.

Aber die Hütte stand nicht da, wo sie stehen mußte. Aber ich war doch hier über das Wasser gekommen? Inzwischen begann es zu dämmern. Hilflosigkeit und Unruhe überkamen mich. Für die Nacht war ich nicht gerüstet. So ein Leichtsinn mußte bestraft werden.

Die Nacht kam und mit ihr die Müdigkeit. Ich nickte ein, wachte irgendwann auf und fror erbärmlich. Auf zwei Notschüsse antworteten Minuten später die Kameraden mit einem. Das Gemüt hatte nun eine Krise zu verdauen. Um wach und warm zu bleiben, kroch ich im Berg herum, durch dick und dünn, über Baumleichen und Steine, Löcher und Rinnsale. Hände und Fingernägel zerschunden, müde und ein eigenartiges Gefühl im Magen. Um Mitternacht zuckte grelles Licht über den Horizont. Geschützfeuer?

Einzelne Regentropfen fielen, die langsam in Regen übergingen, um sich binnen Minuten zu einem Wolkenbruch zu steigern. Hinter einem dicken Baumstamm bot sich Deckung. Ein greller Blitzeinschlag in nächster Nähe trieb mich vom Stamm. Die Kleidung troff, Schuhe voll Wasser, naß bis auf die Haut. Ein Häufchen Unglück in stockdunkler Wildnis. Abermals zerriß ein langer Blitz den Himmel, begleitet von rollwuchtenden, die Erde erschütternden Donnerschlägen: Erhaben rollte der Donnerwagen über schwarzes Gewölk, die Welt versank in Regen. Wenn du hier lebendig rauskommst, hast du Glück gehabt, dachte ich bei mir, da zerspellte ein grellblauweißer Blitz den Stamm, der mir noch vor kurzem Deckung geboten. Am zwirndünnen Faden hing das Schicksal des ewigen Jägers eines ewig Gejagten.

Nach Stunden legte sich die Himmelswut, feuerten die Wolkenschiffe fernweg, trat langsam Ruhe ein.

Um den Kameraden mitzuteilen, daß ich noch lebte, schoß ich wieder zweimal und bekam sofort Antwort. Man wachte und sorgte sich.

Matt, schlaff und müde kroch ich, vor Kälte zitternd, weiter meine Kreise. Wenn doch bloß die Nacht zu Ende ginge!

Wieder begann es zu regnen. Nasser konnte man zwar nicht mehr werden, aber die Stimmung wurde noch gedrückter. Wenn es nur licht würde! Sonne mußte es ja nicht sein, nur Licht, Licht!

Dann würde sich die Lage schnell klären, die Hütte gefunden und Kleidung gewechselt werden. Trinken würde man und schlafen, schlafen ... Der Morgen blieb die große Hoffnung.

Endlich, endlich graute der Tag, konnte man sich aufrichten und warmlaufen, sehen, wohin man ging, und jedem Hindernis ausweichen. Um die Richtung zu klären, ein Schuß, dem sofort Antwort folgte. Also dorthin! Ein Elchwechsel wies in die Richtung.

Nebel kam auf und nahm bald alle Sicht. Einige Schritt weit konnte man aber sehen, und ich hielt mich an den nach oben führenden Wechsel.

Am Kamm teilte er sich. Was nun? Schließlich wies eine verwaschene Pferdespur nach rechts. Sie mochte aus dem Vorjahr stammen, gab aber Aufschwung und Hoffnung. Sie führte zu einer Blockhütte mit dem einladenden Schild „Attention explosives“ an der Tür. Es mußte die Hütte sein, die der guide mal erwähnte. Ein Trampelpfad wies in die wahrscheinlich rechte Richtung. Die Beine wollten nicht mehr, die Knie zitterten. Wankend schlich ich dahin und stieß nach langer Zeit auf eine starke Elchfährte.

Sofort wichen Schwäche und Müdigkeit. Ein Elch von solcher Stärke und womöglich vorn im Schilf! Steine brachten nur einige Enten hoch, die paakend hochklepperten. Nichts rührte sich weiter, und vor Enttäuschung sank man in sich zusammen und war wieder ein müder Mann. Es gab nun keine andere Möglichkeit mehr als den Weg zurück zur Hütte. Das Schloß mußte zerschossen und der Eingang erzwungen werden, auch auf die Gefahr hin, in die Luft zu fliegen.

Ein paar Handvoll Wasser noch gegen das Nadelstechen in der Kehle. Es half nur über Sekunden hinweg, und dann quälten sich die zentnerschweren Beine weiter hügelwärts. Die Knie versagten immer häufiger. Man fiel und rappelte sich wieder auf, schleppte sich einige Schritte weiter und kippte wieder um.

Es ging einfach nicht mehr. Alles Zusammenreißen half nicht. Die nächste Nacht unter freiem Himmel dürfte die letzte sein. Ich begann zu kichern und zu lachen und erschrak. Wurde man irre, wahnsinnig? Der ganze Wald kicherte, alles drehte sich, und im gelben Gras sah ich mein Skelett bleichen. Eine Kugel durch den Kopf und Schluß! Zwei Patronen noch im Magazin. Kritisch betrachteten die Augen den Abzug.

Höhnisch grinste die Astfratze einer toten Altzeder. Sie lachte und hatte schon die Kugel in der frechen Visage.

Späne flogen und höllenstimmig grollte das Echo. Totenstille. Lebte man noch, oder war schon alles überstanden? Fernweg ein Schuß? Oder hörte es sich nur so an? Ich kroch in die vermeintliche Richtung, torkelte, fiel. Traum oder Wirklichkeit? Wie lange ich kroch, weiß ich nicht. Aber dann kam mir die Umgebung irgendwie bekannt vor, und als ich die zerspellte Zeder sah, gab ich endgültig auf. Mochte kommen, was wollte. – Träume und Wachzustände wechselten einander ab. Meinen Leichnam mußte das Suchflugzeug finden können, denn ich lag im goldgelben Dürrgras am Waldrand. Leises Raunen, himmlische Musik.

Nach unsagbar langer Zeit meinte ich irdische Stimmen zu vernehmen. Mein Körper wurde gerüttelt und geschüttelt. Mitunter hörte und sah ich, und dann war wieder alles weg. Man bearbeitete mich solange, bis ich erwachte und die Freunde erkannte. Sie sprachen unentwegt auf mich ein und schleppten mich ins Lager.

Ich kann nicht sagen, daß ich glücklich darüber war, so wohl fühlte ich mich im Jenseits.

Drei Dosen Bier trank ich kurz hintereinander. Zwei Becher Grog folgten. Meine letzten Worte: „Oben im Bergeinschnitt liegt ein Hirsch". Danach schlief ich einen ganzen Tag, ohne auch nur einmal zu erwachen.

Bei der Suche nach mir schoß Gert einen Elchschaufler, worüber ich mich freute.

Als ich wieder zu mir kam, stand das Geweih des Wapiti zu meinen Füßen. Die Indianer hatten es so aufgebaut, daß es beim ersten Augenaufschlag in meinen Gesichtskreis fiel. Sonnenstrahlen vergoldeten die langen Enden und umspielten die gewaltige Trophäe. Freude kam auf, und man war glücklich und zufrieden.

Als ich die schmerzenden Füße besah, sank das Stimmungsbarometer. Blut- und Wasserblasen überall, und an sämtlichen Zehen hingen die Nägel neben den Nagelbetten. Aber wir hatten einen Elch und einen Wapitihirsch.

Unter düsterem Gezweig entwickelte sich ein Kampfgeweih...

Danach ritten wir tagelang über Berge und Täler ohne ein Stück Wild zu Gesicht zu bekommen.

Mich zog es während der ganzen Zeit zu dem Hirsch, der leider verhitzt und verludert am alten Platz lag. Ihm mußte der Bär gefunden haben, meinte ich. Wir setzten uns in Marsch zu dem Bergeinschnitt. Die Sonne zeigte einen schönen Tag an. Waldhühner hier und dort, auch Erd- und Eichhörnchen. Weißwedel-Kahlwild zog am Hang, und gegen Mittag durchquerten wir den weiten Talkessel, der uns zum Kamm führte, auf dem der Hirsch lag. Vorm Pferd aus ließ sich keine Veränderung am Torso feststellen. Zu Fuß heranzugehen, schien nicht zweckmäßig. Vom alten Lagerplatz wurde Beschlag genommen. Zum Ansitz war es zu spät. Wir brutzelten, erzählten und tranken.

Vor Tau und Tag des nächsten Morgens schlich ich zum Hirsch. Es war noch so dunkel, daß man keine Hand vor Augen sah. Auf Büchsenschußnähe herangekommen, hörte ich Geräusche, die auf einen Gast schließen ließen. Allmählich wurde es heller. Die Bäume nahmen Gestalt an, erste Vögel meldeten, und dann erkannte ich einen dunklen Bären. Für einen Schwarzbären schien er zu groß, und Grizzly durfte nicht geschossen werden. Den ihm eigenen Buckel konnte man nicht ausmachen. Es mußte also ein recht starker Schwarzer sein, und den sollte der Doktor schießen. So dachte ich's mir und sagte es ihm. Den ganzen Tag über konnte er sich darauf freuen. Am Abend kam er mit dem guide aber erst spät los, und als beide dort ankamen, war der Bär schon bei der Arbeit und so beschäftigt, daß sie nahe genug herankommen konnten. Lautes Knochenknacken, Brummen und Schnaufen. Der Doktor zielte und zielte und bekam den schwarzen Bären im dunklen Tann nicht ins Zielglas. Langsam, aber stetig fiel die Dunkelheit. Schließlich brach der Schuß.

Nicht der Doktor, nein, der guide hatte geschossen. Sie hörten den Bären noch husten und röcheln und zogen sich zurück.

Nach dem Bericht im Lager wies Gert darauf hin, daß der guide nicht schießen durfte, ja, daß es ihm beim Führen von Gästen verboten sei. Es gab einen Krach, der sich über die ganze Nacht hinzog. Am anderen Morgen stellte sich dann heraus, daß dem Wild kein Haar gekrümmt wurde.

Das Gewitter verebbte. Blitz und Donner wichen. Wir saßen auf und ritten den ganzen Tag ohne jeglichen Anblick. Am anderen Morgen zog es mich wieder zum Hirsch. Ich mußte einfach der inneren Stimme folgen.

Tau tropfte vom Blattwerk. Frühwind. Zwei Elstern schakerten. Andere strichen hinzu. Sie zankten sich und stritten. Ein großer Rabe honkte, fiel ein und murmelte vor sich hin. Ein zweiter ließ sich nieder. Nummer drei und vier folgten. Zufriedene Worte beim Frühstück. Man griff tüchtig zu. Die verjagten Elstern schimpften aus den Baumkronen, und als blaustrählige Sonnenlanzen durch goldgrünes Blattwerk stießen, saß ich noch immer und wartete wie festgebunden …

Urplötzlich stand auf lichtgrünem Grund zwischen silbergrauen Baumstämmen ein Wolf. Schmalgrüne Lichter im Langschädel. Sein Blick starr auf mich gerichtet. Wie gebannt saß ich und rührte kein Glied. Ein Satz, und weg war er.

An Schießen war nicht zu denken, jede Bewegung unmöglich. Erregend der Anblick. Herrlich der blaugrüne Morgen. Tauperlen an Halm und Zweig. Im zartrosa Gewölk schwebte ein Adler. Kirchenstille, Einsamkeit, Frieden. Längst hätte ich gehen müssen, aber der genius loci hielt mich. Nun aber war es an der Zeit. Beim Griff zur Büchse zuckte grellschräg ein Wisch durchs Unterholz, verschwand, erschien wieder, verschwand, ehe ich recht begriff, um was es sich handelte.

Dann sehe ich zwei Gehöre hinter dem Hirsch hochkommen. Wolf, durchzuckt es mich, und mit angebackter Büchse suche ich das Gelände ab. Da war er wieder, ganz kurz. „Nur nicht nervös werden!"

Jetzt weit hinter dem Luder ein Husch. Bekam er Wind? Hat er mich weg?

Es wäre zu schön, um wahr zu sein. Zwei Wölfe in nächster Nähe und doch nicht greifbar.

Und nochmals wird er sichtbar, wuselt hinter dem Hirsch herum. Jetzt steht er. Ein Sonnenstrahl versilbert seinen lichtgrauen Pelz, ganz klar im Zielglas, dann spricht die Büchse.

Gut abgekommen war ich. Dennoch wußte ich vor lauter Aufregung nicht zu sagen, wo genau er im Schuß stand. Dort hinter dem langen Buchenstamm mußte es gewesen sein. Und da lag er denn auch, ein silbergrauer Wolfsrüde.

Schnell war er abgebalgt und im Rucksack.

Im Zelt berichtete das Radio, daß an der Pacifik-Küste ein harmloser Wanderer von einer führenden Bärin erschlagen wurde, daß ein Beamter des Banf-Parkes beim Wegräumen eines Baumes von der Straße Opfer eines Bären wurde. „Warnung vor führenden Bärinnen, die sich um das Leben ihrer Kinder sorgen."
An einem anderen Tag hielt mich die Schönheit eines Tales gefangen. Schieres Gold-Blätterdach auf silbernen Stämmen. Auf einem mächtigen Baumstamm saß ich bequem. Rucksack und Büchse vor mir. Halbrechts ein dichter Fichtenhorst.

Düster und starr sah er drein. An einer Dürrlärche dahinter hämmerte ein Specht. Ameisen in langer Kolonne auf dem Waldboden, und dann stand, zehn Schritt vor mir, ein Bär – rabenschwarz mit halbmondförmigem weißem Brustlatz.

Mannshoch aufgerichtet musterte er ohne Mienenspiel mit kleinen blitzenden Sehern das fremde Wesen auf dem Baumstamm. Ruhig sprach ich ihn an, nicht näher zu kommen. Zur Beute machte er nicht genug her. Dennoch lag die Büchse schußbereit in der Hand und, obwohl er mich über gewisse Zeit fixierte, blieb ich ruhig.

Als aber zwei pudelgroße Jungbären neben ihm auftauchten, änderte sich die Lage sehr schnell. Mir wurde heiß und kalt. Mit Anbrüllen der Gesellschaft erreichte ich das Gegenteil von dem, was ich wollte. Beide Pudel sausten vor Schreck in eine schenkelstarke Fichte acht Schritt vor mir.

Die Lage spitzte sich zu. Würde die Alte einen Schritt tun, wäre sie geliefert. Langsam ließ sie sich auf die Branten nieder und wendete. Würde sie jetzt einen Bogen schlagen und von hinten angreifen? Zeit war nicht mehr zu verlieren. Wie kleine Affen hingen die Jungen am Baum und blinzelten auf den Fremdling herab, der sich anschickte, das Feld zu räumen. Bald prasselte der eine vom Baum und verschwand in der Fichtenwand. Der zweite folgte. Man hörte noch ein Brummen und dann nichts mehr. Die Familie hatte sich wieder. Ich setzte mich ab, pirschte bergwärts und behielt die Fichtengruppe im Auge.

Am Abend meinte der guide, ich hätte die Bärin abschießen sollen, es lag Notwehr vor. „Und die Jungbären?" – „Sie wären ohnehin im Winter verhungert." Guide!

Zu schnell vergingen die Tage, wie immer auf der Jagd. Kein Elch, kein Hirsch wurde gesehen. Lag es daran, daß in Cranbrock schon der nächste Schub Jäger wartete, dem auch noch Wild vorgeführt werden mußte?

Am letzten Abend blieb einer unserer Kameraden aus. Es herschte bereits völlige Dunkelheit und Nervosität. Trotz mehrmaliger Aufforderung rührte sich der Jagdführer nicht. Erdhörnchen huschten beim Tanz der Flammen durch die Blockhütte, sausten über Tisch und Bänke und hingen an den Rundhölzern der Wände. Was an Eßbarem gereicht wurde, nahmen sie und vertrieben die Zeit. Im Hinblick auf unsere Mienen schien dem Jagdführer nicht wohl zu sein. Er bequemte sich zur Suche, nahm eine Stablampe und zog los.

Etwas mußte passiert sein, sonst wären der Jäger und sein junger Führer längst zurück. Möglichkeiten boten sich genug.

Absturz, Beinbruch, Bär. Gegen Mitternacht wurde es draußen laut, hörte man aufgeregte Reden. Sie waren angekommen und recht vergnügt.

Bei fallender Dämmerung sahen beide einen dunklen Bären bei der Beerenernte am Hang des vor ihnen liegenden Kessels. Obwohl recht weit, wurde der Schuß gewagt. Die dritte Kugel faßte und warf ihn um. Bald standen sie am bereits verendeten Bären, machten sich an das Aus-der-Decke schlagen und verbrauchten bei der Dunkelheit Stunden dazu.

21 weiße Siedler nahm der Indianerhäuptling Noah Seathl im Jahre 1851 mit offenen Armen in seinem Stammgebiet auf, wofür diese ihm mit Belegung seines Namens für den Ort dankten. Eine paradiesische Landschaft. Von Wald, Jagd und Fischfang ließ sich gut leben. Man war glücklich und zufrieden. Immer mehr Siedler zog das schöne Land an. Eine Stadt nach der anderen entstand, und heute erstreckt sich ein Ballungsgebiet am Puget Sund bis Olympia, beherrscht der Mensch mit seinem Wahn das schöne Land.

Dennoch ziehen unweit von Seattle auf der Olympic Halbinsel die stärksten Wapiti der Welt ihre Fährten. Auf einem Waldberg bei Tacoma, umgeben von riesigen Zedern und Hemlocks, schmiedeten wir Pläne für eine Jagd auf diese Großhirsche, saßen am Kamin in Kurts Bungalow, sannen und spannen. Der Hausherr hatte aber schon vorgesorgt und Pferde mit allem Zubehör auf dem Lastauto vorausgeschickt.

Ochsenfrösche quarrten, Stockenten prahlten. Am See unten, in den dem Hause vorgelagerten Wiesen, wachte ein Fischreiher. Ein kleines weißes Wölkchen schwebte über dem Mt. Rainier, Zeichen seiner Lebendigkeit. Nur alle hundert Jahre erwacht er und macht seiner Wut über die menschliche Verderbtheit Luft, speit Unmengen von Lava über das Land und vernichtet weite Gebiete.

Beginnen sollte die Jagd in den östlichen Bergen. Die Reise ging über das Cascadengebirge in die Blue Mountains, durch das fruchtbare Columbiariver-Gebiet mit seinen weiten Weizenfarmen, Getreidesilos und Beregnungsanlagen. Kein Baum, kein Strauch. Ein Luzerneschlag unterbrach die Eintönigkeit.

Vier Ernten bringt sie jährlich, und weil die Sonne sehr schnell trocknet, wird das am Tag gemähte Grünzeug in der Nacht gepreßt und abgefahren. Fasanen und Enten das einzige Wild. An einer Stelle ein fürchterlicher Gestank. Wir hielten und erkundeten. Ein plattgefahrener Skunk, kaum noch erkennbar, stank da wie die Pest.

Die Blue Mountains empfingen uns mit so hohem Schnee, daß die Autos den Geist aufgaben. Gesattelte Pferde nahmen uns auf. Bis an den Bauch reichte ihnen der Schnee. Märchenhafte Winterlandschaft, die immer höher führte und auf einem Hochplateau endete. Zelte, Haufen von Heu, bärtige Männer mit breitkrempigen Hüten, Hunde, wilde Gestalten, ein Lagerleben wie im Wilden Westen.

Kurts Frau Agnes schwang sich auf das wildeste Pferd und raste davon. Es dunkelte bereits, als wir in einen Talkessel ritten. Steil abwärts ging es. Mein kleiner zottiger Gaul war so bepackt, daß ich nach vorn wenig und nach hinten kaum sehen konnte.

Weißwedelhirsche wischten durch den Bestand. Es dunkelte. Der Lehmboden unter dem Schnee ließ das Pferd oft meterweit auf Keulen rutschen. Dabei ging ich mehrmals über Kopf und küßte den Boden des geliebten Landes. Zweige schlugen das Gesicht, Schnee fiel von Bäumen. Klitschnaß die Kleidung und Schuhzeug, und der Weg wollte nicht enden.

Dauernd saß der Gaul fest, mußte das gezurrte Gepäck gefestigt werden. Keine Hand mehr vor den Augen zu sehen. Ein Ende der Qual nicht in Sicht. Endlich ein Funke in der Ferne. Licht zwischen Stämmen. Eine halbe Stunde noch! Ein Gluthaufen jetzt und gestikulierende Männer um ihn. Geschafft.

Über Nacht fiel eine Neue. Fährten von Wapiti, Wolf und Waschbär. Zelte und Pferde in fernerer Nachbarschaft. Bei Tagesanbruch begann die Schlacht, feuerte es aus allen Rohren. Das mußte alles Wild auf die Läufe bringen. Nachbarn schossen zwei Spießer. Bei uns tat sich nichts. Am nächsten Morgen ritt ich allein in einen anderen Talkessel, um dem Dauerfeuer zu entgehen. Nach Stunden ein Hirsch, ein Achter mit meterlangen Stangen. Schweratmend, oft verharrend, schleppte er sich zu Berg. Mit hängendem Lecker stand er da auf 80 Schritte. Ein Bild des Jammers. Der Schuß verbot sich. Nur weg von hier, ging es mir durch den Kopf.

Zwei Tage später pirschten wir durch moosverhangenen, gespenstisch grauen olympischen Regenwald. Feenhaft geheimnisvoller, undurchschaubarer Dschungel. Wild nur im Berg zu finden.

Nun denn, aufwärts. Less übernahm die Führung und brachte uns beide über Berg und Tal an eine Stelle, von der aus man einen Gegenhang bis in die oberste Region einsehen konnte. Wapitifährten, wohin man sah. Eine halbe Stunde mochten wir gesessen haben, als sich die Bühne belebte. Vier Tiere mit Kälbern, ein Alttier mit einem Bauch einer tragenden Kuh, ein wahrer Riese. Während wir beobachteten, erzählte Less von seiner Passion, der Jagd auf den Baribal, seine Spezialität.

Als man vor Jahren begann, den Wald zu erschließen, und Wege in die Berge baute, fand man ganze Bestände geschält und abgestorben. Man vermutete den Wapiti als Urheber, stellte aber bald fest, daß der Schwarzbär die Rinde von den Bäumen riß, um an das süße Kambium zu gelangen. Scharfe Bejagung wurde erforderlich. Jäger mußten her.

Wie dem Schwarzen beikommen? Wege gab es, aber der Wald daneben wucherte üppig, gab den Blick nicht frei. Less fuhr Probe, nahm seinen Hund mit und bekam bald heraus, was zu tun sei. Unterwegs wurde nämlich der Hund aufgeregt und wollte aus dem Fahrzeug. Kaum draußen, nahm er eine Fährte auf und gab Hals. Standlaut! Less ihm nach. Schließlich sah er den Hund himmelwärts verbellen, einen Baribal im Baum, der die erste Beute wurde.

Aus diesem Anfang entwickelte er eine Methode, die Erfolg über Erfolg brachte. Mit dem Hund auf der Plattform eines Lasters durchfuhr er die Wälder, und wenn der feinnasige Begleiter zu tanzen begann, wurde er freigelassen. Ein zweiter Wagen bewegte sich währenddessen auf einem Nachbarweg, beide durch Sprechfunk verbunden. Hatte der Leithund gefunden, ließ der Jäger seine Meute los, der dem Lärm am nächsten war.

Mitunter nimmt der Bär schnell einen Baum an, oft aber geht die Reise über Berg und Tal, reißt die Funkverbindung ab, aber am Ende steht fast immer der Erfolg. So einfach sich alles anhört und der Laie glaubt, ist die Jagd nun aber auch nicht.

Ist die Jagd gelaufen und der Bär aufgebaumt, muß der Jäger ran, ohne Rücksicht auf Verluste, über Stock und Stein, Sumpf und Wasser. In der Krone einer 50 Meter hohen Tanne sitzt in dichtem Geäst irgendwo der Bär. Unter ihm tanzen und bellen die Hunde. Zweimal umrundet der Jäger den Baum, sieht sich die Augen aus dem Kopf und findet nichts. Sein Begleiter kommt hinzu, feuert in die Krone und bringt Leben in sie. Höher geht die Reise. Die zweite Kugel faßt. Ein dunkler Schatten prasselt durchs Astwerk, sackt tiefer von Ast zu Ast, und die Meute jubelt, heult, brüllt. Und dann landet der Schwarze inmitten der geifernden Hunde, kommt wieder auf die Branten, wischt die Meute beiseite und schlägt sich den Fluchtweg frei. Eine sichere Kugel beendet die Jagd. 17 Baribal schaffte der Jäger im letzten Herbst.

Wenn Schnee das Land deckt und der Bär schläft, folgt man dem Puma, arbeitet stundenlang seine Fährte und gibt den Hund frei, wenn man glaubt, in seiner Nähe zu sein. Ist die Großkatze vollgeludert, nimmt sie bald einen Baum an. Mit leerem Darm aber kann die Jagd sich über den ganzen Tag und länger hinziehen. Geschlitzte Hunde und hängende Därme gehören dazu.

Lux und Bobkat werden wie der Silberlöwe bejagt, baumen aber schnell auf und sind leichte Beute.

Es wurde kälter. Less zitterte am ganzen Körper. Goldschmelz auf blauem Bergessaum, der Abend. Kein Hirsch trat aus. Der Olympic hielt seine schützende Hand über die Wapiti.

Alaska

Gegen zwölf startete das Flugzeug in Hamburg, und um dreizehn Uhr landete es in Alaska. Dennoch war es über acht Stunden in der Luft, durchbrachen Sonnenstrahlen im gleichen Winkel das Kabinenfenster, bewegte sich kaum der Schatten. Man flog so schnell, wie die Erde sich drehte, bisweilen sogar schneller.

Wir verließen das Flugzeug und schritten zum Ausgang. Niemand lief oder drängelte, man schritt. Zügig und höflich auch der Zoll. Heller Mittag, hohe Sonne.

Nicht viel Menschen in der Empfangshalle, kein wildgekleideter guide unter ihnen. Dachte ich's mir doch. Was nun? Man stand und überlegte, als sich eine hübsche junge Frau aus dem Menschenhaufen löste. „You mister T?“ Bobs Frau. Sie hakte mich unter und nahm Kurs auf die Gepäckausgabe. Alles lag da, aber die Büchse fehlte. Sie befand sich auf dem Weg nach Japan. Zwei Tage wartete ich vergeblich auf ihre Heimkehr, dann mietete ich eine andere im Kaliber 8 · 68.

Zwischenzeitlich wurde das Erforderliche an Kleidung, Lebensmitteln, Lizenzen eingekauft. Die rehäugige Rachele dachte an alles, hatte einen Zettel, auf dem vermerkt war, was man haben mußte.

Am dritten Tag brachte sie mich nach Delta Junktion. Für Unterhaltung war gesorgt. Ihre Mutter war Spanierin. Väterlicherseits pulste römisch-germanisches Blut in ihren Adern. Sie schien von allem nur Gutes geerbt zu haben. Das Mundwerk plätscherte wie ein Bach. Dauernd änderte sich die Landschaft. Berge, Wälder, Täler, Seen. Man konnte sich nicht satt sehen. Geschäftsführung und aller Schreibkram lag in ihrer Hand. Bob flog nur und betreute die Gäste draußen.

Als wir den glatten Highway verließen und auf eine Schotterbahn einbogen, sprang und bumste bei jedem Schlagloch hinter uns auf dem Lastwagen irgendetwas. Ich ließ anhalten und stellte fest, daß die Zielfernrohrbüchse lustige Sprünge machte. „Warum nach vorn nehmen? Das Glas ist doch aufgeschweißt, bei uns liegt sie immer so."...

Auf allen Wassern Wildgeflügel. Hier ein Elch, dort ein Bär. Stunden später ein Haus, dem bald wenige andere folgten. Delta. Militärflughafen. Zwischen Gerät und einem Haufen Kanistern hockte an einer Bretterbude ein Bulle von Kerl; Bob, der Mann des Schmalrehs, mein Jagdführer.

In eine Zeitungsneuigkeit vertieft, murmelte er: „Die Bisons haben wieder ganze Arbeit geleistet und den paar Farmern die Ernte vernichtet, die davon leben sollen," legte das Blatt beiseite und begrüßte uns.

„Vor rund sechzig Jahren wurden die Wildrinder hier ausgesetzt und hatten es nicht leicht mit dem Klimawechsel zwischen Montana und Alaska, mit dem geringeren Äsungsangebot, dem Großraubwild und den langen strengen Wintern. Im Laufe von Generationen gewöhnten und vermehrten sie sich. Nun ist man soweit, daß alljährlich einige Stücke freigegeben werden müssen, über dessen Abschuß das Los entscheidet. Es fällt fast immer – und rein zufällig – auf schwergeschädigte Farmer.

Der Abschuß findet unter Führung eines Wildschutzbeamten statt, damit nichts Falsches zur Strecke kommt. Nur überalterte Kühe und alte Bullen sind frei. Auf zuschadengehende Büffel darf der Farmer allein nicht jagen. Mit Strafen ist man hierzulande nicht zimperlich. Büchse, Fahrzeug und 20 000 Dollar sind der Satz. In schweren Fällen gehen Haus und Hof drauf. Das überlegt sich mancher und bleibt ein ordentlicher Mensch", erklärte mir Bob die Situation.

Ruhiger Betrieb auf dem Flugplatz. Wenig Maschinen kamen und gingen. Rachele lud das Gepäck aus, unterhielt sich noch ein wenig mit uns und rüstete zur Rückfahrt nach Fairbanks. Händeschütteln, und sie brauste davon.

Bob ließ den Motor warmlaufen, verlud das Gepäck und zeigte mir, wohin man treten durfte und wohin nicht, um die dünne Leinwand nicht zu durchlöchern. Es wurde ernst. Er nahm Platz, wies mich hinter sich ein. Bis zur Decke türmte sich rücklings das Gepäck. Arme und Beine festangezogen, vollen Rucksack auf Knien, rollten wir an, bekamen Starterlaubnis und rasselten über knirschenden Kies und Pfützen. Steine flogen, Wasser spritzte, der Motor heulte, und dann hingen wir in der Luft. Sumpf unter uns, Tümpel, Buschwerk, Hügel, später Berge, Felsen, Schnee, Wolkenfetzen, eine steile Wand.

Die Maschine wurde herumgerissen und in ein Nebental geleitet, das kilometerbreit von Wasserarmen durchzogen war. Sommertags ein von Gletschern gespeister reißender Fluß. Goldgelbe Weidenbüsche säumten die Ufer. Dort, wo die blausilbernen Wasser einen Bogen beschrieben, schrägte ein weißer Punkt herauf, ein Zelt, das Bob wie ein Raubvogel umkreiste, tief und tiefer ging, um an einer steinfreien Stelle aufzusetzen. Harte Stöße, wenige Hüpfer, der Vogel stand.

Alles Gepäck hinter mir hatte sich selbständig gemacht. Es flog mir ins Kreuz und drückte mich gegen den breiten Rücken des Piloten, der ohne zu zucken den Stoß auffing. Weidenbusch soweit das Auge reichte. Einige Blaugrashalme zwischen Ufersteinen. Schwemmholz auf weißem Kies und eine Kette verschneiter Berge am Horizont.

Nach Entladen der Maschine erklärte Bob, daß er jetzt ins Gletscherlager fliegen werde, um den guide zu holen, der mich führen sollte. Während seiner zweistündigen Abwesenheit solle ich beim Gepäck bleiben, die Büchse laden und auf Elch und Caribou achten. Dann flog er ab, zog ein paar Schleifen und verschwand in den Bergen.

Zwischen Steinen und Gepäck machte ich es mir bequem, stellte die Büchse griffbereit und glaste die Gegend ab. Goldgelbe Weidendickichte, zweimeterhoch, stark verbissen. In lichtsandiger Steinwüste das Silberband einiger Flußarme. Dunkle Nadelhölzer schlossen sich den Weidensäumen an. Pappeln hoben sich aus silbergrauen Sitkahorsten. Seidigblaugrün der Himmel, glasklar und rein die Luft. Stille, Einsamkeit, allein auf weiter Flur.

Eine Kette Steinhühner fiel ein. Sie trippelten zwischen Gestein und Beerkraut, ästen, huderten und ruhten. Von mir nahmen sie keine Notiz, ich gehörte dazu wie die Steine. Etwas später meldete sich ein kleiner Unglückshäher und untersuchte das Gepäck.

Stunden später ein Summen, ein Brummen, das sich näherte, der guide. Er sprang aus der Maschine und rief: „Zwei Kilometer flußaufwärts ein Caribou. Vier Kilometer abwärts zwei Stück." Kurze Begrüßung des jungen, großen, kräftigen Jagdführers. Zwei Meter mochte er hoch sein, ein Athlet von Kerl.

Wir ließen alles stehen und liegen und gingen sofort das nächste Caribou an. Was da so schön eben und glatt aussah und sich zu einem hübschen Spaziergang anbot, änderte sich schnell. Allseits abwehrgespreizte Erlen stoppten den Marsch. Kreuz und quer lag das Zeug, ineinander verwachsen, verflochten, elastisch. Es war nicht darüber hinwegzukommen, aber auch nicht zwischendurch. Die Umgebung führte durch Sumpf mit verstrickten Weidenbüschen, über Schwemmholz und Morast. An einer Stelle hatten Bären den Boden umgebrochen wie die Sauen daheim, nur wesentlich tiefer.

Endlich schimmerte der weiße Strand durch die Büsche. Ob vom Caribou noch was zu sehen war? Auf der Sandbank Fährte bei Fährte von Elch und Caribou. Der Strand wurde breiter, der Busch trat zurück. Silberwellen liefen sich im Sande tot. Wegen großer Kälte soll es keinen Fisch im Wasser geben, so der guide.

Und dann sahen wir den Hirsch. Den Windfang am Boden, suchte er, ja, wonach eigentlich? Äsung gab es da nicht. Er war mit sich beschäftigt und kümmerte sich nicht um die Welt.

Ein mittelstarker Hirsch? Nein. Gerade angekommen, wollte er nicht schmecken. Wir versuchten, ihn anzugehen, weil Caribous schlecht äugen sollen. Über freien, völlig deckungslosen Strand pirschte ich auf ihn los, blieb des öfteren stehen und musterte sein Geweih, zählte über dreißig Enden und wurde wankelmütig. Sollte man? Nein, Beschluß bleibt Beschluß.

Als ich auf gut hundert Meter heran war, zog er ahnungslos in aller Ruhe weiter und tauchte in die goldgelben Weiden ein. Pfiff da jemand? Mich umsehend, gewahrte ich Jim aufgeregt gestikulieren und schreien. Ob er einen Elch ausmachte? Im Laufschritt zu ihm. „Was ist los?" – „Eine Bärin mit zwei Jungen dicht bei ihnen in den Weiden." – „Na, und?"

„Mit so einer alten Tante ist nicht zu spaßen, sie ist unberechenbar und gefährlich. Im Vorjahr wurde ein Kollege, alter erfahrener Jäger, von einem Bären überfallen und zerrissen. Der Überfall kam so plötzlich, daß der Gast, der ihm auf wenige Schritte folgte, so geschockt war, daß er nicht schießen konnte. Drei Tage mußte der Mann bei den Leichenteilen warten, bis das Flugzeug ihn abholte. Geschrien habe ich, um den Bären abzulenken."

Bob schleppte in der Zwischenzeit das Gepäck in das weiße Zelt, das man weithin sehen und damit leicht finden konnte. Vor der Behausung befand sich ein fest eingebautes Spektiv, mit dem man die ferne Gegend ableuchten konnte. Weiße Berge am Horizont. Eigenartig wie die Eiswände der Gletscherspalten das langwellige Licht schlucken und die kurzen blauen zurückwerfen. Der Eiswurm, der hier bei Temperaturen um den Gefrierpunkt lebt, zieht sich tagsüber von der Eisfläche zurück, um der Sonnenwärme zu entgehen. Das Phänomen des roten Schnees rufen Schneealgen hervor. Von diesen lebt der Wurm.

Die Sonne meinte es gut, während Bob eine kurze Lagebesprechung hielt. Vier Tage gab er für Elch und Caribou, und dann wollte er uns ins Gletscherlager fliegen zu den weißen Schafen. Eine Tasse Tee, und er brummte davon, zog eine Ehrenrunde und verschwand in den Bergen.

Jim schaffte Ordnung im Zelt, räumte das, was wir mitgebracht hatten, an seinen Platz, während ich mich zur Geländeorientierung aufmachte. Weidenbüsche, wohin man kam. Zwei Caribouabwürfe, eine angenagte Elchschaufel. Wo der Busch aufhörte, begann der Strand des kilometerbreiten Flußtales, das jetzt nur mehrere Arme durchflossen. Sommertags, wenn die Gletscher schmelzen, muß sich hier ein gewaltiger Strom bewegen. Fährten aller Art im weißen Sand. Geröll- und steinübersät das weite Flußbett.

Ein lustiges Feuer bullerte am kühlen Abend im kleinen Zelt. Richtig gemütlich hatte Jim es gemacht, und das Abendessen mundete tadellos.

Draußen wurde es von Minute zu Minute kälter. Wind kam auf, der sich zu schlafförderndem Sturm entwickelte. Als ein Orkan daraus wurde, war es aus mit der Ruhe und Gemütlichkeit. Der Holzboden des Zeltes hob und senkte sich. An die Ankerstricke geklammert, lagen wir flach, jeden Moment gegenwärtig, samt Zelt wegzufliegen. Das Feuer konnte noch rechtzeitig gelöscht und entfernt werden.

Dann flog Buschwerk und Geäst gegen die Leinwand, Steine schoben und knirschten, die Wände scheuerten und jammerten, die Welt ging unter. Alles schrie, greinte und heulte. Unsagbar lange währte die Qual, und sie wollte nicht enden. Gegen Mitternacht endlich beruhigten sich die Elemente, legte sich der Sturm. Unheimlich die Ruhe. Es begann zu schneien.

In dicken Wolken quoll und schob es heran. Immer wieder mußte die heruntergedrückte Zeltwand vom Schnee befreit, von innen ausgebeult und gelockert werden. Nach einer Ewigkeit graute der Morgen. Verschwunden all die bunte Pracht. Weiß in weiß, wohin man sah. Der Schneefall ließ nach und hörte bald ganz auf.

Draußen schäkerte eine Elster. Schließlich stieß die Sonne durch. Grauwolken, der Himmel blaute, uns überkam ein Gefühl des Glücks, man lebte. Starker Tee und ein kräftiges Frühstück brachten uns wieder auf die Läufe.

Eis klimperte bei jedem Wellenschlag am Fluß, und frische Fährten von Elch, Caribou und Bär hatten den flaumigen Schnee gepflügt. Mit steigender Sonne wurde es wärmer und die Daunenjacken lästig. Als sie im Rucksack verstaut waren, glasten wir von einem Hügelkopf die Gegend ab.

Kaum niedergelassen, inspizierte ein Campräuber, dieser ewig freche, vertraute kleine Kerl das Gepäck, pickte in die Hände und redete unentwegt. Futter fand er auf dem kahlen Boden kaum. Auf der nackten Erde wächst zuerst Moos, dem teppichbildender Silberwuchs folgt, der Weiden und Erlen Platz macht, um von Pappeln abgelöst zu werden. Es folgt die Fichte. Am Ende steht die Hemlocktanne, die sauren Fichtenboden und auch den Schatten der Altfichten verträgt.

Um zehn trat am jenseitigen Uferwald ein Stück Wild aus. Zu weit und zu klein, um feststellen zu können, ob Elch oder Caribou. Drei Stücke gesellten sich dazu. Wie Gold glänzte das semmelblonde Haar... Bären, wallendes Langhaar!

Steine und Schwemmholz wendend, näherten sie sich, durchrannen einen Flußarm nach dem anderen und tollten wie junge Hunde im aufspritzenden Wasser. Einer überragte alle an Größe, ein starker Altbär. Der Rest, Mutter mit zwei Jungbären, Halbstarke im Flegelalter, dauernd Unfug treibend, die Mutter anrempelnd, sich im Wasser balgend. Dem Alten gefiel die Sache nicht. Er hielt Abstand, sah kurze Zeit dem Spiel zu und wechselte zurück in den Wald. Mutter und Kinder kamen langsam, aber stetig näher, wendeten Steine, wühlten im Schwemmholz, verschwanden in einer Delle, kamen wieder zum Vorschein und landeten schließlich im Inselgebüsch mitten im Stromtal.

Seltsam, daß Bob sagte, Bären gäbe es hier nicht. Er müßte es wissen, denn über zehn Jahre bejagte er die Gegend. Schießen wollte ich keinen. Mir stand nicht der Sinn danach. Außerdem besaß ich keine Lizenz, und letztlich war keiner der drei jagdbar.

Während die Gesellschaft im Busch beschäftigt war, konnten wir uns ungesehen absetzen.

Unterwegs fanden wir mehrere Fichten, geschält bis in die oberste Spitze. Sollte im Winter der Schnee so hoch liegen? „Stachelschweine sind die Urheber", erklärte Jim.

Brausendes Wasser. Am blaßblauen Himmel fliegendes Gewölk, und eine Kette Schneehühner rund um das Zelt. Um Mitternacht tanzte das Nordlicht und zuckte in allen Farben. Bläuliche Lanzen stiegen und sanken. Grünweiße Fontänen explodierten. Orangefarbene Strahlen wellten, flossen, strömten, zitterten, ergossen sich in vielgestaltigen Bildern.

Ein gewaltiger Berg entstand, dunkelblau, schwarz, strahlenförmig weißblau ausgeleuchtet, von einem Heiligenschein umkreist. Mittendrin das Sternbild des großen Wagen. Phantastisch, unfaßbar, wunderbar! Stundenlang hätte man zusehen mögen, die Kälte aber trieb zu Zelt und Schlafsack.

Als Jim am Herd rumorte, erwachte ich. Draußen erglühten in rauhreifversilberter Landschaft die Bergköpfe. Ein Schneehahn rief, und der Campräuber flog heran. Drunten auf dem Fluß trieben Eisschollen, glitten schaumig wie Sahnetorten dahin.

Nach dem Frühstück löschte Jim das Feuer und räumte den Tisch. Die ersten Tagesstunden verbrachten wir im Fährtenbild hiesiger Wildarten, pirschten und paßten an günstig scheinenden Plätzen ohne jeden Anblick.

Mittags mußte Jim zurück, um ein ordentliches Essen zu kochen, während ich mich urstromtal-abwärts auf die Socken machte, Neuland erkundend. Richtig wohl fühle ich mich erst, wenn ich frei und unabhängig jagen, Natur erleben, Fährten studieren, Wild suchen kann.

Linkerhand fauchte der Fluß. Rechts goldgelbe Weiden. Im weißen Sand Fährten grobschaligen Wildes, Bärenpranten. Nach Stunden sperrte ein Felsmassiv den Weg, umkreiste gurgelndes Schwarzwasser blanken Stein. Düsterdrohende Naturgewalt, kein Weiterkommen. Obendrein ging es auf Mittag, mußte man sowieso zurück. Gedankenversunken bummelte ich über den weißen Strand, dachte an zuhause, an Frau und Kind und hörte sogar das Hecheln meines Hundes. Mich wendend, sah ich drei Bären im Galopp auf mich zukommen.

Ein unwillkürlicher Aufschrei stoppte die Gruppe. Hochaufgerichtet äugten sie herüber, siebten den Wind und überlegten. Die schußfertige Büchse in der Hand, erwartete ich den Angriff und war auf Notwehr eingestellt. Aber mit langen Sätzen ging die Alte ab und verschwand in den Weiden. Die Zweijährigen folgten.

Vorsichtshalber setzte ich mich weit vom Gebüsch ab und hörte noch lange ein Schnauben und Miefen im Dickicht. Nicht der Beute wegen, meine ich, sondern aus „Sport- und Lebenslust" hatten die drei den einsamen Wanderer fast umgerannt..

Am Nachmittag flog Bob ein, um uns ins Gletscherlager zu den Schafen zu bringen. Dicht neben dem Zelt setzte die kleine Maschine auf, wo ein Wrack lag, das er vor Jahren zu Bruch machte. Eine überarmlange Cariboustange lehnte am Fels. Büchse, Pistole und Kleidungsstücke hingen über ein Jahr in der kleinen Behausung. Gestohlen wird nicht, Gesetz der Wildnis.

Zunächst wurde die Büchse auf dreihundert Meter eingeschossen, Feuer gemacht, eingerichtet, dann flog Bob ab. Um fünf Uhr begann am 5. September die Jagd auf den weißen Widder. Schnee, Eis und Gletscher, soweit das Auge reichte. Grate, Rinnen, Gefels, alles dicht verschneit. Bis über die Knie reichte die weiße Watte. Wir mühten uns vorwärts, stießen auf scharfkantiges Gestein, sanken in Löcher, in Sumpf und Eiswasser und verschwanden im Schneegestöber. Ein Gewölk folgte dem anderen. Unter einem Felsüberhang konnten wir glücklicherweise abwarten, die wilde Natur sich austoben lassen.

Gab es freie Sicht, ging's weiter. Ein Stolpern war's, nicht Pirsch zu nennen. Plötzlich fuhren zwei Widder aus einem Kessel und verhofften an steiler Wand. Dreiviertel Kreis der eine, geringer der andere.

Der Sturm heulte, Eiskristalle schwirrten. Dicke Schneewolken nahmen alle Sicht. Das war die Heimat des weißen Widders. Wenn das so weiter ging, konnte es heiter werden. Bestand da überhaupt Aussicht auf Erfolg? Hätte uns das Wetter auf freier Fläche überrascht, auf sturmumfauchter weißer Weite, wäre die Jagd für diesen Tag beendet. Wir trafen es also noch verhältnismäßig gut unter dem Felsüberhang und blieben guter Dinge.

Das Schneetreiben legte sich, es wurde heller. Wir stapften weiter. Die dünne Luft ließ uns oft pausieren, verschnaufen, Luft holen. Um das Stimmungsbarometer zu heben, erzählte Jim seinen Lebenslauf. Vater unbekannt. Mutter arbeitet im Hotel, ließ ihn studieren. Nach wenigen Semestern sattelte er um, um Offizier zu werden. Auch das gefiel ihm nicht.

Weil er ein großer Naturfreund war, tat es ihm der Beruf des Jagdführers an. Mit 28 Jahren, sportgestählt, zwei Meter hoch, war er ein schneidiger Kerl, der in den neuen Beruf paßte. Und dann sah ich über Jims Kopf, hochoben unter lichtem Gewölk, Schafe, weiße Widder, zehn Stück, einer stärker als der andere. Göttergestalten! Welch Bild!...

Reglos äugten sie herab. Dann wendete der Leitwidder, das Rudel folgte und verschwand. „Jim, los, aufwärts! Das gibt's nicht wieder!" Er zögerte, trug Bedenken wegen der Strapazen vor. Mich hielt nichts. Rucksäcke und überflüssige Bekleidung ließen wir liegen und begannen den Aufstieg. Es ging glatter als gedacht. Allmählich aber wurde der Berg steiler und schroffer, machte das Eis unter dem Schnee Ärger, rutschten wir mehr als wir stiegen. Eine Schinderei ohnegleichen. Schweiß rann. Wir schimpften und fluchten, aber die Widder gaben uns nicht frei. Wir mußten folgen, ob wir wollten oder nicht. Noch ein Hang, und wir haben es geschafft – dachten wir... Hatten wir ihn, tat sich der nächste auf. So ging das ständig weiter.

Was waren Karpaten, Rocky Mountains und Kaukasus doch für harmlose Berge gegen diese weißen Gletscher. Zu tief aber saß der Stachel des jagdlichen Begehrens, um aufzugeben. Schwarzes Gewölk schob heran, Flocken fielen, ein Schneegestöber folgte. Es wurde ernst, aber es ging vorüber. Fünf Zentimeter mochte die Neue messen, die wir uns vom Pelz schüttelten. Wo wohl die Schafe waren?

Den einen Hang noch. Blutige Hände, zerfetzte Fingernägel, weiche Knie. Denken durfte man nicht. Wieder nur ein Vorkopf, welch' Enttäuschung! Weiter! Keine Müdigkeit! Schließlich standen wir auf dem Bergrücken. Alle Kraft war dahin und die Verschnaufpause unerläßlich.

Die Kälte brachte uns jedoch bald wieder auf die Läufe. Irgendwo mußten nun die Fährten stehen. So viel wir auch suchten, keine zu finden, auch hinter uns nicht. Nach rechts war das Rudel nicht heraus. Also links um durch eine tiefe Rinne, die mit rundköpfigen vereisten Steinen ein schweres Hindernis darstellte und uns oft zu Boden zwang. Das letzte Stück des steilen Kammes ließ sich nur auf allen Vieren bewältigen. Zwei Meter vor, drei Meter zurück. Nichts als Eis.

Auch hinter dem Grat keine Fährte. Der Berg hatte die Schafe geschluckt. Wir waren kuriert und am Ende unserer Kraft, fielen in den Schnee und gaben auf.

Das war die Schafjagd, von der man sagt, wenn du über 35 bist, laß die Finger davon. Und da ist was dran.

Es wurde kälter, wir mußten weiter. Alle Glieder schmerzten. Steifbeinig erhoben wir uns, griffen die Rucksäcke, und ich glaube, nicht recht zu sehen, zieht doch da am Hang das starkköpfige Rudel. Weiße Widder mit goldenen Schnecken, einer besser als der andere. „Jim, dort sind sie!“ Schon lag ich im Anschlag, die Büchse auf dem Rucksack. „Wie weit?“ – „350 Yards.“ – „Wer ist der stärkste?“ Dann verschwanden sie in einer Senke. Zu folgen wäre Unsinn. Aus der Traum!

Alle Strapazen und jegliche Müdigkeit existierten nicht mehr. Nichts tun war auch verkehrt. Man meinte, etwas unternehmen zu müssen, wußte aber nicht, was.

Da zogen sie aus der Senke. Spitz von hinten, nichts zu machen. Einer scherte rechts aus. „Wie weit?“ – „400 Yards“ – „Schießen!“ Unmöglich, auf diese Entfernung und im Ziehen. Die

Spitze stoppte, alles äugte zurück. Eine Handbreit über dem Dritten spielte das Abkommen. Feuer.

Klein wie Fliegen kroch das Rudel über den Schnee, erklomm einen Berg und verschwand hinter ihm. „Die Kugel pfiff vorbei!" – „Es war zu weit."

Eine Nachsuche lehnte Jim ab, sah man doch deutlich, daß kein Stück krank war. Ein weiter harter Weg zwar zum Anschuß, aber keine Nachsuche? Das gab es auf keinen Fall, und wenn ich allein gehen mußte...

Mein Gott, was waren das für Widder. So ein Anblick war einmalig, würde sich nicht wieder bieten. Einerseits fragte man sich, wie man auf diese Entfernung überhaupt schießen konnte. War das noch waidmännisch? Andererseits wußte man, daß man mit Weitschüssen zu rechnen hatte. Zu ändern war nun nichts mehr, man hatte gewagt. Und wer nicht wagt, auch nicht gewinnt.

Wir wankten in Richtung Anschuß, mochten einige hundert Schritte getan haben, als das Rudel wieder sichtbar wurde. Gemessenen Schrittes bewegte sich der Zug gekrönter Häupter zu Berg. Zehn Könige des ewigen Schnees.

„Ich zähle nur neun". – „Ich auch", sagte Jim. „Da fehlt doch einer. Unten am Hang zieht er zu Tal, in entgegengesetzte Richtung". – „Ja, ich sehe ihn und auch mittendrauf einen faustgroßen roten Fleck." Auf einer Schotterbank, im Wundbett sitzend, warf ihn der Fangschuß zusammen. Ein jagdbarer Widder mit vollem Schneckenkreis. Lohn harter Plackerei, erdient und verdient.

Groß war die Freude und der Rückmarsch eine Lust. Kein Rucksack drückte ob der Last des Wildbrets. Kein Fingernagel schmerzte, auch die Knie taten ihre Pflicht. Beschwingt und leicht pflügten wir den Schnee, und ein köstliches Leberessen beschloß den harten, herrlichen Tag.

Wider Erwarten gut hatte das geklappt. Weil der Abschuß erfüllt war, beschlossen wir, am nächsten Tag das Lager zu verlassen und zu Fuß zum Flußzelt zu marschieren, um es nochmals auf Elch und Caribou zu versuchen.

Am nächsten Morgen brachen wir auf, Sack und Pack auf dem Rücken. Hoch über den Kopf ragte die Tragegestellast, die sich häufig in Zweigen verfing und manchen Fluch auslöste. Es ging am Fluß entlang. Stein- und schwemmholzübersät das Ufer. Nach Stunden eine Höhle am jenseitigen Ufer, ein prachtvoller Dom mit blauweißen, lichtroten und grellgrünen Säulengängen. Marmorpaläste mit blaugoldenen Wasserbecken, silbernen Eissälen und brennendroten Feuergrotten. Traumbilder von Licht und Farbe. Daneben die rauhe Wirklichkeit: Stein, Geröll, Gischt und Wasser, die uns vom Zelt am anderen Ufer trennte.

Nebelfrauen wallten über herbstfales Land. Über brauender Unermeßlichkeit der Weite ein Adler. Erschauern der Pappeln, klagendes Wasser. Keine Flachfurt fürs andere Ufer.

In Zelthöhe riß Jim die Geduld, wollte er den Durchgang erzwingen, nahm einen kräftigen Knüppel und stieg in die Flut. Es ließ sich gut an. Als aber die Strömung ihn umzuwerfen drohte, kam er zurück.

Zwei Meilen weiter wußte er eine Buschinsel mit Flachwasser, die es nun zu erreichen galt. Die Zeit drängte, und es fing an zu frieren. Der Steilhang an unserer Seite drängte sich immer näher an den Fluß. Schließlich saßen wir fest. Dichtverfilztes Unterholz an steiler Felswand. Wir mußten zum Fluß zurück, durchschritten einen Arm, nahmen den zweiten und beratschlagten am dritten, der breiter und tiefer.

Zum Überlegen war keine Zeit. Wir mußten durch oder absaufen. Jim suchte sich einen armstarken Knüppel und startete. In der einen Hand die Büchse, schritt er ruhig voran. Mitten im Fluß begann er zu wanken, riß die Strömung ihm den Knüppel weg. Seine Büchse flog, und er verschwand unter Wasser. 50 Meter weiter sah ich ihn nochmal auftauchen. Dann war er außer Sicht.

Nun war die Reihe an mir. Auf dieser Seite lauerte ein sicherer Tod mit Frost und Kälte, nach vorn war alles offen. Hinein denn. Als das Wasser über den Gürtel ging, wurde es kritisch. Die Wucht der Strömung ist gewaltig, unheimlich und unbeschreiblich. Sie riß mir den Knüppel aus der Hand und nahm mich mit. Das Gepäck auf dem Rücken, verhältnismäßig leicht, drückte den Kopf unter Wasser und ließ mich kaum atmen. Wie im Schnellzug raste das Ufer vorbei. Kälte und Angst wichen Benommenheit und Gefühllosigkeit. Dann krachte der Schädel auf einen Felsen. Aufmunterung, Schmerz.

Wieder schwanden die Sinne. In dunkler Ferne Frau und Kind. Man war tot und glitt im Rausch dahin. Wieder ein harter Schlag auf den Kopf, daß ich dachte, er sei geplatzt. Doch dann hielt mich etwas, und es begann zu dämmern. An einer Felsnadel hing ich in Gischt und Schaum reißender Wildwasser. Allmählich klärten sich die Sinne, ich suchte mit den Füßen festen Grund.

Die Strömung machte es unmöglich. Einige Meter weiter sprang und wirbelte das Wasser. Dort mußten Steine liegen, die zum Ufer wiesen. Ich ließ los und stieß draufzu, griff einen runden Stein und krallte mich fest, brachte die Füße auf Grund, schaffte einen zweiten, auch dritten und erreichte das Ufer. Erschöpfung zwang mich in die Knie und zu Boden. Ein unsagbares Glücksgefühl durchströmte den Körper. Man lebte...

Um nicht zu unterkühlen, riß ich mich zusammen, torkelte weiter und stürzte mich ohne Überlegung in den letzten Nebenarm. Seine Kälte, sein Schieben und Stoßen spürte ich nicht mehr, mir war alles egal. Stoßgebet am rettenden Ufer.

In der Ferne winkte das weiße Zelt, Geborgenheit und Schlaf. Hatte ich Jim gesehen, oder war es nur Traum? Langsam, aber sicher griff der Frost in die Kleidung. Als er wie ein Panzer zu knirschen begann, hart und härter wurde, wollte ich ihn abwerfen, verwarf aber in einem lichten Moment den Gedanken, torkelte weiter und kam mehr tot als lebendig zum Zelt.

Vorm Ofen zitterte der guide. Ich hatte also doch recht gesehen. An einer Schleife hatte ihn der Fluß an Land gespült. Büchse, Gepäck und Fernglas blieben im Wasser. Nothölzer gab es nicht im Zelt. Wir fanden jedenfalls keine. Was tun? Hatte der Himmel uns verstoßen? Wollte die Hölle ernten? Jim half mir bei der Abnahme des Eispanzers.

Vorsichtigerweise hatte ich mein Gepäck auf dem Traggestell in eine wasserdichte Haut verpackt, die uns das Leben rettete. Schnell die Streichhölzer heraus und den Ofen in Brand. Langsam griff die Flamme um sich, erzeugte Wärme, entfachte neues Leben. Nackend ließen wir es geschehen, tauten auf und trockneten die Sachen. Wie eine Sauna dampfte das Zelt, und wir überdachten die letzten Stunden, sahen uns im und unter Wasser und erlebten noch einmal die Rettung.

Auch gedachten wir der Fehler, die unterliefen. Der größte war wohl der, daß keine Nothölzer im Zelt waren. Ein anderer, daß Jim die Büchse in der Hand trug, anstatt sie auf dem Rücken am Riemen zu haben, der letzte, daß er sein Gepäck fahren ließ.

Stark angeschlagen krochen wir in die Schlafsäcke. Richtiger Schlaf wollte sich nicht einstellen. Ein Wachtraum löste den anderen ab. Wasser schob und kühlte. Eis knirschte und würgte. Man starb und litt die ganze Nacht.

Der Morgen kam und mit ihm ein anderes Problem. An Verpflegung fanden wir nur einen Topf mit Fliedersirup, Tee und etwas Zucker. Zu wenig, um drei Tage davon leben zu können. Fische gab es im Kaltwasserfluß nicht, auch kein Wassergeflügel. Vom Schneehuhn würde bei unserem Geschoß nichts bleiben. Was nun?

Ein Elch oder Caribou mußte her. Jim sollte das Flußbett beobachten, und ich wollte mein Heil in den Weiden versuchen, wo sich bald eine Suhle fand. Frische Spuren im Schlamm ließen auf Besuch rechnen, und wenn ich richtig deutete, zeichnete sich sogar ein Geweih ab. Ein Ansitzplatz war bald gefunden. Wir hatten uns auf den späten Nachmittag zugehungert und saßen nun einen Kilometer voneinander entfernt.

Da klapperte doch der Bengel mit Brettern in den Weiden, nein, beim Zelt. Was soll der Unfug? Will er Zeichen geben, daß er Wild vorhat? Jetzt wieder. Der Ton schien aber nicht aus Richtung Zelt zu kommen. Die Aufregung stieg, und ich konnte mir keinen Vers machen.

Bald sah ich ein Reh, ein graues Reh, das aber schnell verschwand. Wieder Brettgeklapper, und dann schwebte „das Reh" über den Weiden. Verrückt! Die Zweige teilten sich, ein aschgrauer Elch trat aus. Mittlerer Schaufler, der vorn rechts schonte. Jagdbar oder nicht? Ich überlegte hin und her, ohne an den Hunger zu denken, und kam zu keinem Entschluß.

Hochauf spritzte das Wasser, als er sich in die Brühe warf. Ganz still lag er da und rührte kein Glied. Spürte er Linderung am Lauf? Inzwischen war mir klar, daß wir ihn haben mußten, wollten wir nicht verhungern. Mit einem Ruck kam er hoch und verschwand noch schneller im Gebüsch.

Wer weiß, wofür es gut ist, tröstete ich mich. Auf dem Rückmarsch zum Zelt querte ein Stachelschwein meinen Wechsel, das aber nun fällig war und uns über Tage ernährte. Anstelle seines Fleisches hätte man auch reine Kiefernnadeln essen können, so schmeckte das Zeug. Jim sah zwar am anderen Flußufer Elche, aber dort war unser Bedarf gedeckt.

Am letzten Tag flog dann Bob ein. Er hatte es sehr eilig. Von seiner schriftlich gegebenen Zusage und Garantie für Elch und Caribou wollte er nichts wissen. Sein Geld hatte er, mehr wollte er nicht. Was kümmerte ihn der jagdliche Erfolg. Auf dem Flugplatz von Fairbanks ließ er mich stehen und machte sich eilig davon.

Einsam und verlassen, Empörung und Wut im Bauch, stand man da. Ein Taxi brachte mich in ein Hotel und ein gutes Essen zur Vernunft. Nach einem genußvollen heißen Bad ging es zu Bett. Erst spät am kommenden Vormittag erwachte ich, fühlte mich frisch und munter und überlegte, wie es weitergehen sollte. Ohne Elch gab es keine Heimkehr. Zunächst aber mußte jemand her, der deutsch sprach.

Die Hotelleiterin übernahm mein Anliegen, und am Abend meldete sich ein Deutscher, Professor an hiesiger Universität. Was denn mein Wunsch sei? Nun, ein Elch. Er machte es kurz, lud mich ein und nahm mich samt Gepäck gleich mit zu sich in sein Haus. Dann lief das Telefon auf Suche nach einer Jagdmöglichkeit.

Da war ein Diplom-Ingenieur, der in vier Tagen fliegen und mich mitnehmen wollte. Ihm ging es nur um Fleisch, seinen Elch konnte ich obendrein mitschießen. Tagelang in Fairbanks herumsitzen lag aber nicht in meiner Absicht.

Außer einigen anderen gefiel mir ein guide, der schon am nächsten Tag einsatzbereit war. Obendrein konnte er Elchschaufeln diesjähriger Ernte vorzeigen, die wir sehen wollten. Nach telefonischer Anmeldung fuhren wir zu ihm. Wie fast alle Häuser lag auch seins in einem Park. Grund und Boden kosteten damals nichts oder wenig. Jeder nahm sich und baute, wo und wie er wollte, meldete seinen Besitz der Obrigkeit und war im Grundbuch erfaßt. Weiße Hasen hoppelten herum. Im Garten, auf der Straße, überall tanzten sie. Ein Populationshöhepunkt, der sich alle zehn Jahre wiederholt.

Der Hausherr, ein großer Mann mit Vollbart und freundlichen Augen, empfing uns. Zwei Bärendecken schmückten das Zimmer, und ein Caribou-Haupt hing an der Wand. In der Garage vier kürzlich erlegte Elchschaufeln. Auslage zwischen 130 und 170 Zentimetern. Mit dem geringsten wäre ich mehr als zufrieden. Schnell war der Handel beschlossen.

Schon am nächsten Tag zu starten, davon riet er ab. Er wollte erst noch Erkundung fliegen und feststellen, in welchem Gebiet zur Zeit die aus den Brooks Ranges nach Süden ziehenden Elche stünden. Übermorgen könnten wir dann starten. Am Abend danach rief er an: „Morgen früh, acht Uhr, Flugplatz."

Überrascht war ich, daß er nicht persönlich flog, sondern einen müden jungen Mann mitbrachte, der keinen sonderlichen Eindruck machte, abgespannt und schlapp wirkte. Was half's, mitgefangen . . .

Obwohl wir im Süden jagen wollten, flog der Pilot nach Norden. Anzusprechen war der Knabe nicht. Stand er unter Alkohol oder Droge? Nach einer Viertelstunde landete er. Ob ihm übel war? Es wurde getankt, und dann flatterte er gen Süden. Sümpfe, Tundra, Büsche, Hügel, Berge, Wälder, ein Elch, die Alaska Range. Herrliche, vielversprechende Gegend.

In großbogigen Kurven suchten wir einen Platz, von dem aus man weit ins Land sehen konnte, und landeten auf einem Hügelkopf. Schnell war das Flugzeug verzurrt und das Zelt aufgestellt. Es kam ein Morgen, an dem fernweg ein weißer Schmetterling gaukelte. Eine halbe Meile links davon noch einer. Vom Elch selbst nichts auszumachen. Nur die hellen Schaufeln wankten vor blauen Bergen.

Mein Begleiter schlief und schnarchte. Als er endlich erwachte, sah er ausgeruht und freundlicher aus. Vom Elch und seiner Brunft verstand er nichts. Ob sie schon begann? Vom Caribou wußte er mehr, auf sie hatte er des öfteren gejagt. Hunderttausende bevölkern die Brooks Ranges. Dauernd sind sie auf den Läufen, ziehen im Herbst in die Wälder des Südens, die Nahrung und Kälteschutz bieten, und zu Frühlingsanfang zurück in die alten Gefilde. Auch sie haben, wie die Schneeschuhhasen, den alle zehn Jahre sich wiederholenden Populationshöhepunkt, denen nach Abäsen der Rentierflechte Not und Tod folgen.

Fette Jahre fürs Raubwild, das sich dann stark vermehrt und üppig von gefallenem Kadaver lebt. Hört das große Sterben auf, endet auch die gute Zeit der Räuber. Weniger Junge werden geboren, oder die bereits geborenen verhungern. So schließt sich der Kreis.

„Siehst du die Schaufler unterhalb des roten Felsens? Rechts davon noch einer.“ – „Ich habe drei Bären im Glas und kann im Moment nicht abkommen.“ Nun sah ich sie auch, drei dunkle Grizzlys, weit weg. Sie traten auf der Stelle. Auch die Schaufler hielten ihre Position. Nach kurzer Überlegung beschloß ich, sie anzugehen. Mehrere Meilen trennten uns. Wenn sie dort stünden, wo die Bären sind, wäre es wesentlich näher.

Der Himmel blaute, im Licht schwamm der Tag, und dann bekamen die Grizzlys längere Läufe, wuchsen in die Höhe, Elche, Kahlwild. Das war, was wir suchten. Wo Tiere sind, mußte auch ein Hirsch sein, kalkulierte ich. Der Würfel war gefallen, wir griffen das Sturmgepäck, nur Rucksack und Verpflegung, legten Richtungspunkte fest und marschierten ab.

Nicht sehr freundlich gab sich die Tundra mit Sumpfpartien, Tümpeln und Negerköpfen, Grasbülten, die groß und fest erscheinen, aber immer umkippen, wenn man drauftritt und einen umwerfen. Die Sonne meinte es gut. Schweiß rann. Klares Mooswasser erfrischte Geist und Körper.

Gegen Mittag erreichten wir einen mannshohen Felsklotz, von Buschwerk gerahmt, ein schattiges einladendes Plätzchen. Abgespannt und hungrig belegten wir ihn, holten Brot und Bier aus dem Rucksack und sammelten Kräfte.

Apfelsinen schälend, erzählte Rainer von seinem Haus und Garten, vom Flugzeug, das baumverzurrt am Weg steht, von Frau und Kind, Hund und Stadt. In Fairbanks sollte ich mir unbedingt das Eskimo-Museum ansehen, den zweimeterhohen Elch mit dem Mordsgeweih, den Zweizentnerwolf, die präparierten Schneeschaf- und Caribouhäupter, und, und...

Allein die Menschen, denen man dort begegnet, sind beachtenswert. Zierliche Japaner wuscheln zwischen langbeinigen Amerikanern herum. Falkenäugige Indianer scherzen mit kleinen

Eskimos über Kanus und Jagdgeräte. Viel Zeit hat man. Man gibt sich freundlich und höflich.

Bedenkt man, wie feindlich vor Jahren noch Indianer und Eskimo sich begegneten, sofort übereinander herfielen, so hat sich doch alles zum Guten gewendet. Vor rund 30 000 Jahren kamen die Indianer vom russischen Kontinent und verteilten sich über ganz Amerika, lebten von der Jagd und Fischfang. 15 000 Jahre später folgten die Eskimos, besiedelten die Küsten und nahmen ihren Lebensunterhalt vom Meer. Aus Not und Sorge besteht ihr Leben. Monatelang herrscht Finsternis und ebensolang danach Tag, an dem die Sonne nicht untergeht.

30 Meter tief Dauerfrost, und nur wenige Zentimeter taut sommertags der Boden, der Baum und Strauch nur fingerlang werden läßt. Der weiße Wal stellt die Hauptnahrung. Seine Jagd ist ein lebensgefährlicher Kampf. Robbenfellüberspannte Walrippen ergeben das Boot. Kommandant ist der erfahrenste Jäger, der alle Entscheidungen trifft und eigenhändig die Harpunen wirft.

Zunächst wachen oft wochenlang Posten am Meer auf das Erscheinen der großen Säuger. Sobald man sie gewahrt, tritt die Mannschaft zusammen und harrt am Boot des Einsatzbefehls. Ist der Moment gekommen, springt ein Teil der Mannschaft ins Boot, der Rest folgt, wenn das Gefährt, über Eis geschoben, zu schwimmen beginnt.

Wie eine Nußschale heben Wellen das leichte Boot. Wasser kommt über. Man liegt in den Riemen und rudert, nimmt nichts mehr wahr, rudert mit aller Kraft. Wer über Bord geht, ist verloren, stirbt an Unterkühlung.

Endlich peitscht vorn ein riesiger Schwanz. Auf ihn! Die Harpune fliegt. Der Riese versinkt mit dem ihr anhaftenden aufgepumpten Robbenfell, taucht wieder auf, erhält die zweite und dritte und wird solange bespickt, bis er nicht mehr tauchen kann und stirbt.

Andere Boote eilen herbei, machen den Fisch fest und schleppen ihn unter Aufbietung aller Kraft zum Ausgangspunkt, wo hungrige Angehörige den Riesen weiterbearbeiten. Verwertet wird alles, Fett für Licht und Heizung, Rippen zum Schiffsbau, und die 30 cm dicke Haut schmeckt wie Nuß.

„Kriegen die Männer keine kalten Füße?" – „Nein. Ihre Stiefel bestehen aus Cariboufell, Haar nach außen. In diesen tragen sie einen Caribou-Kalbfell-Strumpf, Haar nach innen. Das hält alle Kälte ab."

Wir hatten uns gestärkt, räkelten uns in der Sonne. Dann erhob ich mich, glaste das Land ab und warf mich zu Boden, standen doch da auf wenige 100 Meter fünf schwarze Riesen, Elchtiere. Das Glas zitterte in der Hand, obwohl kein Hirsch dabei war. Unverzüglich wurde ein Sichtloch in den Busch geschnitten.

„Bei einem so starken Rudel steht nie ein Schaufler", meinte Rainer. Ganz anders dachte ich. Ganz still verharrte das Wild und rührte kein Glied, als sei es präpariert und die Gruppe ein Scherz. Die Zeit verrann, nichts tat sich. Leichter Wind kräuselte im Nakken und strich auf das Wild zu, jetzt mußte es abspringen. Es blieb in alter Stellung. Weit hinter ihnen schaukelte ein Schaufelpaar, ein weißer Schmetterling, der sich nähern könnte.

Aufregung machte sich bemerkbar, Aussicht, Hoffnung. Und dann stand, wie hingezaubert, ein Hirsch bei den Tieren. Aus einer kleinen Fichtengruppe äugte er zum Rudel und zu uns. Mittlerer Schaufler? Mit dem Geweih wußte ich nichts anzufangen, Rainer aber meinte, es sei gut.

Er schien besser zu sein als ein guter Schwede, und ich entschloß mich zum Schuß. Man hätte warten sollen, bis er sich breit stellte, aber der Wind im Nacken zwang zum Handeln. An Rainer gelehnt nahm ich Maß, zirkelte auf dem Stich herum und ließ fliegen. Er drehte sich langsam. Zweiter Schuß halbspitz, und als er Breitseite zeigte, verschoß ich die dritte Kugel.

Kein Zeichnen. Hinter einer Silberfichte verschwand er. Rainer meinte, es wäre zu weit gewesen, weiter jedenfalls, als wir annahmen, und keine Kugel hätte ihr Ziel erreicht. Wir warteten über zehn Minuten. Die Tiere standen noch immer wie zuvor und rührten sich nicht. Sollte er gefehlt sein, auch nicht schlimm, der andere dort hinten schien stärker zu sein, er sollte uns trösten.

Es wurde nachgedacht. Viel mehr als 200 Meter dürften es nicht gewesen sein. Wie konnte man da vorbeischießen? Hatte sich das Zielglas verstellt oder der guide den Schuß verwackelt? Bei sich selbst fand man keinen Fehler.

Verfasser mit seinem Alaska-Elch.

Nach 293 Stopperschritten standen wir an der silbrigen Fichte und suchten den Anschuß. Jeder Halm in Nähe des Baumes wurde untersucht, mit weißem Taschentuch das Beerkraut überwischt. Nichts... Vorbei... Und ich war nicht mal traurig, nahm es ruhig hin. Ob es der andere Elch war, der hintwärts winkte?

Ein Stück weiter befand sich noch eine Fichte, die dieser hier ähnlich war, an der wollte ich noch suchen, um dann endgültig aufzugeben. Rainer hielt das für Unsinn, dennoch ging ich. Aber auch dort fand sich weder Haar noch Schweiß. Leuchtend rot das Taschentuch von Preisselbeeren. Doch dann schien es mir irgendwie dunkler an einer Stelle. Ich roch und schmeckte den Fleck. Schweiß.

„Rainer, hierher!" Er kam angespritzt, stutzte, wies hinter die Fichte und sprach die hehren Worte: „Da liegt er." Mir stockte der Atem. Ein schweres Brauereipferd lag da, und handbreit ragte sein Geweih über meinen Kopf.

Das konnte nicht wahr sein, ein Traum nur. Mehrmals biß ich mich in den Arm, um die Wirklichkeit fassen zu können. 180

Zentimeter Auslage maß Rainer. Über meterlang die Schaufeln, grauweiß die Vorderseite, dunkelbraun die rückwärtige. An der Innenseite der rechten Schaufel zog sich eine dicke Kante herunter, die das Geweih noch wuchtiger erscheinen ließ als es schon war, aber beim amtlichen Vermessen drei Punkte kostete, so daß es von 241 auf 238 Punkte herabgestuft wurde. „Ein Rekord-Elch" hatte Rainer gesagt. Aufgebrochen wurde nicht, sondern zunächst die besten Stücke samt Decke herausgeschnitten.

Das Haupt bearbeitete ich selbst, wollte es auch eigenhändig tragen. Als ich anhob, überließ ich den Transport doch gern dem jungen Führer. Gute 100 Pfund und die Negerköpfe gaben zu bedenken. Mit großem Hallo wurden wir vom Chef empfangen, als wir mit dem Schaufler am rechten Flügel der Maschine verzurrt heimkamen. „Ein 130er war dein Wunsch, und nun bringst du einen 180er!"

Tunesien

„Ceterum censeo, Carthaginem esse delendam“, raunte es in den Ruinen von Carthago, das die Römer dem Erdboden gleichmachten, nachdem die Carthager – guten Glaubens – (man hatte ihnen ewigen Frieden, nie wieder Krieg zugesichert) alle Waffen abgeliefert hatten und damit wehrlos waren. Wie sich die Geschichte wiederholt!...

Neben den traurigen Resten lachen weiße blumenumrankte Bungalows, erfreuen das Auge und machen die Zeit vergessen. Im Hinterland, einst Kornkammer Roms, verfallene Aquädukte, Dürrgras auf totem Land.

Durch eine Mondlandschaft führt unser Weg gen Süden. Sand und Dünen, Dünen und Sand. Bis ans Ende der Welt reicht die Staubfahne des Geländewagens. Sengende Hitze, kein Lebewesen. Flimmernder Dunst, wo Himmel und Erde ineinander übergehen.

Endlich ein Lebewesen, ein Reiter mit wehendem Purpurmantel auf weißem Araberhengst. Drei glutäugige, hübsche junge Weiber im Vorspann, die er mit Geschrei und Peitsche in Deckung zu treiben sucht. Schwarze Locken rollen über schmale Schultern. Dunkle Kirschaugen leuchten aus lachenden Gesichtern. Kichernd und schwatzend strahlen Blicke zu den Fremden.

Dem Platzhirsch schwillt der Kamm. Er haut dazwischen, verliert die Fassung und attackiert uns, wendet dicht vor dem Fahrzeug, und treibt sein Rudel mit Hallo und Peitsche in die Dünen.

Unangenehm der feine Staub in Mund und Nase. Auf dem heißen Blech des Vehikels könnte man Eier braten. In Flimmerhitze des Horizontes schließlich ein See. Glitzerndes Wasser. Eine halbe Stunde danach große Enttäuschung, Salz, Boden eines vertrockneten Sees. Brennender Salzstaub in Hals und Augen. Schneeweiß die hohen Ufer. Totes Buschwerk, einige abgestorbene Baumskelette, Salz, Salz, Salz.

Die schwarzen Horizontberge kamen näher. Lichter Bergwald, hohes Heidekraut mit wenig Buschwerk und Krüppelkiefern, unter denen Treiber für eine Saujagd lagerten. Eine bunte lustige Gesellschaft in Karnevalskleidung.

Beim Einweisen der Stände gab es Streit um den besten Platz, der so laut ausgetragen wurde, daß erfahrenes Wild aufgemüdet und den Hang verlassen mußte. Kein Baumschatten. Man drohte zu verschmoren.

Oben im Berg Topfgerassel, Pfeifen, Lärm. Der Trieb begann. Bald hetzte ein Hund, ein zweiter fiel ein. Gleichzeitig erhoben die Treiber ein Geschrei, als würden sie von Hornissen verfolgt. Ein Schakal wischte durch die Büsche, kurz darauf eine geringe Sau, die noch keinen Menschen kannte. Meine Kugel erwischte sie auf einer Schluppe. Das war alles.

Eine Zerreichendickung der nächste Trieb. Nur buschhoch der Bestand, aber voller Früchte. Knüppeldick hingen die Zweige, und die Eicheln waren doppelt so groß wie unsere daheim. Viel lichte Stellen gaben Sicht und Schußfeld. Felsig der Grund. Von zwei turmhohen Felsnadeln durfte ich mir eine als Stand wählen. Eine wankte mehr als die andere. Wollte man meinen Mut auf die Probe stellen? Was half's, ich mußte 'rauf. Ich erklomm die Seite, von der anzunehmen war, daß sie beim Sturz oben zu liegen kam. Mulmig war mir zumute beim Ersteigen der wackelnden Wand. Oben gab es nichts zu wählen, nur wenige Quadratmeter standen zur Verfügung. Zwei tief ausgetretene Wechsel führten unten vorbei, das Vorgelände bot guten Einblick.

Es wurde laut, Töpfe klapperten, Hunde bellten, weitweg hörte man die Treiber. Noch immer schien die Sonne, und das ungute Gefühl in der Magengegend beim Wanken des Gesteins wollte nicht weichen. Stärker der Lärm jetzt. „Sangliers! Attention!“ Mochten sie kommen, die Sauen!

Mein Sitz neigte sich gerade nach vorn, als ich auf einer lichten Stelle eine graue Sau huschen sah. Ebenso schnell war sie verschwunden. In die Runde schweifte der Blick. Vögel strichen, ein Schakal drückte sich im Dürrgras. Da, die graue Sau, sie könnte mir kommen, hält den Wechsel und verhofft. Halbspitz von vorn erhält sie die Kugel und bleibt im Feuer.

Schon beutelt sie ein Hund und tobt sich aus, daß die Federn fliegen. Nachgeladen war, es konnte weitergehen. Und da winkte schon ein anderes Stück. Ganz schwarz kam es angeschoben, hielt den zweiten Wechsel stichgerade auf meinen Turm zu. Busch – Sau, Busch – Sau – Busch – Feuer. Dann schluckte sie das Gebüsch. Ein guter Keiler, eine gelte Bache und drei Frischlinge erbrachte der Trieb.

Anderntags sollte es auf Hühner und Tauben gehen. Nur die Felsentaube, Urmutter unserer Haustaube, heimatet hier. Die heißen Tagesstunden verbringt sie in verstreut liegenden tiefen, gemauerten Brunnen aus der Römerzeit. Mit Steinwürfen wird der Vogel aufgemüdet, der dann nach oben spiralt, um wie eine Rakete den Brunnen zu verlassen. Schnell schießen, den Schuß hinwerfen, muß man, um Erfolg zu haben. Vier Stück blieben im Feuer, und jeden Fall honorierte Mohammed mit einem lauten „Formidable!"...

Unweit des nächsten Brunnens fielen Kangas ein, fasanähnliche Wüstenvögel mit zwei langen Stoßfedern. Ungemein schnelle Flieger. Am Einfallplatz fanden wir nichts, suchten kreuz und quer auf dem deckungslosen Sand, und stießen schließlich ein Kanga hoch. Jagd ohne Hund ist Schund! Der Vogel ist farblich dem Boden so angepaßt, das man ihn kaum sieht. Noch sechs traten wir raus, von denen vier in den Schroten blieben.

Ali brachte uns dann zu einer grasbestandenen Fläche, die öfter Wasser führt und gern von Kangas aufgesucht wird. Eine Menge Hühner lagen dort, die einzeln aufstanden und gute Jagd boten.

Ali schoß hier vor Wochen an einem Tag 118 Kangas für den Verkauf. Mit Jagd hat das nichts zu tun. Er ließ die Hühner einfallen, hielt in die Vollen und hatte mit jedem Schuß fünf bis acht Stück.

Ein Nomadenzelt in der Nähe machte uns neugierig. Scharfe Hunde bewachten es und hielten uns auf Distanz. Zähne blekkend und knurrend, benahmen sie sich wie wild. Eine Frau erschien, beruhigte die Tiere und lud ins Innere. Sauber und ordentlich wirkte das Hauszelt. Kein Luxus, nur Gebrauchsgegenstände des täglichen Lebens.

Drei Kinder und zwei weitere Frauen knüpften Teppiche buntester Farben und Muster. Goldblinkende Messingschüsseln hoben sich prächtig von brauner Zeltwand. Männer trafen wir nicht. Sie sind ständig unterwegs, schneiden Halfagras und bringen es auf Kamelen bei Nacht zur Fabrik. In den nächsten Tagen müßten sie zurück sein, so Allah will.

Weiter ging's über haushohe Wanderdünen, vorbei an blattlosen Dornbüschen. Sand, heiße Sonne, Dürre. Kein Luftzug, kein Wasser. Dennoch lebt die Wüste. Von einer kleinen Anhöhe schweifte der Blick in die Runde, und dann sah Ali einen Trapphahn.

Weil wir ihn nicht ausmachen konnten, richtete er das Zielglas, in dem er dann auch für mich sichtbar weit weg stolzierte. An den Wagen gelehnt, nahm ich Maß, und als der Hahn verhoffte, sprach die Büchse. Federn stoben, und zwei Jünglinge sausten davon, griffen den schönen Vogel und schnitten ihm den Kopf ab. Das Halsabschneiden, Köpfen oder Schächten schreibt die Religion vor. Ohnedies ist das Fleisch nicht koscher, nicht eßbar.

Ein Abendessen beim Jagdherren beschloß den Tag. Gute Schnecken eines Mähnenschafwidders schmückten eine Wand, Teppiche die andere. Die Hausherrin, blond und blauäugig, stammte aus dem Kaukasus, war als Kind mit den Eltern nach Paris geflohen, hatte dort ihren Mann kennengelernt und geheiratet.

Von ihrer Heimat wollte sie hören. Ein Leuchten trat in ihre Augen, als ich vom 5 600 Meter hohen Elbrus und vom über 5 000 Meter hohen Kasbek sprach, deren Schneeköpfe weithin übers Land leuchten, deren Wassermengen bei sommerlicher Schneeschmelze als reißende Bäche zu Tal donnern und ein weites Kanalsystem befluten, dessen Felder Gemüse aller Art üppig gedeihen lassen.

Buschwerk wuchert an den Grabenrändern, Fasanen, Rebhühner und Wasservögel bevölkern das Gebiet, Blauraken, bunte Bienenfresser und Raubvögel den Himmel. Berittene Mongolen hüten riesige Rinder- und Schafherden im Unterland. Oben im Berg züchtet der Tscherkese rassige Pferde. In schmucker Uniform, knielangen schwarzen Krimmer mit silbernen Patronenhaltern und schiefsitzender Pelzmütze geht er um. Die Frauen: eine schöner als die andere.

Hirsch und Reh in den Wäldern. Bär und Steinbock oben im Gebirge. Tag und Nacht schlägt die Wachtel in der Niederung. Ein

Paradies dieses Kaukasien, in dem man keinen Diebstahl kennt. Madames Gedanken weilten in der alten Heimat. Glanz umspielte ihre Augen. Ali brachte Obst und gebrannte Mandeln.

Sein früh ergrautes Haar ließ ihn älter erscheinen als er war. Er brachte sie aus der Wüste mit nach Haus, in der er einige Jahre Steine klopfen und beim Straßenbau schuften mußte. Blutsfreundschaft verpflichtet und brachte ihn dorthin.

Eines Abends stieß er auf dem Heimweg auf seinen besten Freund. Dieser lag unter einem Riesen von Kerl, der mit einem langen Messer in der Hand sich anschickte, ihm den Todesstoß zu geben. Ohne lange zu überlegen, schoß er ihn über den Haufen. Gefängnisstrafe. Weil aus geldlichen Gründen ein solches nicht vorhanden ist, schickt man die Sträflinge in die Wüste, wo es kein Entrinnen gibt. Unter strenger Aufsicht wird dort geschafft, der Lebensunterhalt, und der Lohn der Aufsicht erarbeitet. Nach der Entlassung nahm er eine junge Frau und zeugte neun Kinder mit ihr.

Mir gegenüber saß Mohammed, Chef einer Spahikompanie, einer Kamelreitertruppe, die sich durch Nachteinsätze Ruhm erwarb. Temperamentvoller Erzähler. Schwarzer Knebelbart, feurige Falkenaugen, ein Draufgänger. Gazellen jagte er parforce. Wie der Sturmwind fegte er auf seinem Araberhengst in die Rudel, beidhändig aus Pistolen feuernd und machte reiche Beute.

„Was, wenn er stürzte, sich das Genick brach?“ – „Allahs Wille.“ Mandeln und Gebäck, Süßigkeiten und dunkler Wein machten die Runde. Immer lebhafter wurden Worte und Stimmung. Um Mitternacht Aufbruch zum Hotel. Zikaden zirpten. Ein runder Mond versilberte das Land. Einsamer Schakal in der Wüste.

Im kobaltblauen Schatten eines Riesenbaumes lag das Herrenhaus, an dessen Wänden Licht und Schatten kringelten. Der Garten ein Meer von Blüten, die Luft voller Düfte. Vögel sangen, pfiffen und zwitscherten in Baum und Strauch, und hinter dem Garten rauschte ein schnellfließender, klarer Bach. Zarter Sang dunkler Pflückerinnen wehte aus der nahen Kaffeepflanzung, und vom Horizont grüßte der Kilimandscharo. Garten Eden, Paradies.

Rolf Trappe erschien zur Begrüßung und führte uns ins Haus. Angenehm kühl die Räume. Erfrischender Drink. Bequeme Polstersessel. Bei der zweiten Tasse Tee ertönte Geschrei, sprangen draußen verängstigte Menschen herum, wurde binnen Minuten der Garten geräumt. Mit einem handfesten Knüppel kam der Koch, stocherte in einem freiliegenden Wasserrohr und brachte eine dreimeterlange schwarze Mamba ans Tageslicht, eine Schlange, deren Biß binnen Minuten zum Tod führt. Weit kam sie nicht, bald erhob sich neuer Kampfeslärm und ein wildes Durcheinander. Ein unübersehbar langer dicker Wurm schlängelte sich auf das Haus zu. Wanderameisen, gefürchtet bei Mensch und Tier. Haben sie ein Gebäude besetzt, halten sie die Stellung und geben sie nicht wieder frei. Mit Naphthalin und wilden Schlägen auf den Boden versuchte man, die Spitze umzuleiten. Glut und Feuer taten ein übriges. Der Wurm krümmte sich und wich.

Rolf war zufrieden, holte ein Flasche Südafrikaner und schenkte ein. Über die alte Trappe-Farm am Meru breitet sich Wildnis, ziehen Elefant und Büffel, und der Geist von Frau Trappe, der großen Jägerin. 126 graue Riesen und weit mehr Büffel zieren ihre Lebensstrecke. Rolf erlegte allein 70 Leoparden und an die 200 Büffel.

Aber nicht eine Trophäe besitzt er heute noch davon. Tempora mutabantur. Billharziaverseucht viele Seen, DDT in den Flüssen. Kein Gesetz verbietet die Giftspritzerei. Der Farmer bedient sich ihrer lustig weiter. Fauna und Flora erkranken, sterben.

Am anderen Morgen setzten wir unsere Reise fort über die hitzeflimmernde Massai-Steppe, querten metertiefe Schlaglöcher, von letzter schwerer Regenzeit ausgewaschene Trockengräben und schmorten unter fingerdickem Staub.

Den quälenden Durst konnte die lauwarme Brühe des Wassersacks nicht löschen und die klebende Zunge nicht lösen. Wagengerumpel und -gerüttele, Gebumse und Geschüttele, die Hölle. Strauße in der Savanne, und an einem See weit dahinter Elefanten. Giraffen und Großtrappen in aschgrauer Weite. In der Flimmerhitze des Horizontes eine Baumgruppe. Fata Morgana? Wasser? Man durfte raten und hoffen.

Allmählich klärte sich das Bild, hoben sich Bäume aus frischem Grün. Eine Oase, Wasser, ein richtiger kleiner Teich mit Schilf und Gras, Himmel auf Erden. Apfelsinen, Melonen, Bananen, Papajas und kühles Bier. Welch göttliches Getränk!

Man genoß und trank und trank. Wieder bei Kraft und Laune sprangen wir ins Wasser, befreiten uns von grauer Staubhaut, wuschen, schwammen und freuten uns des Lebens.

Mit viel Früchten an Bord rumpelte der Wagen weiter, versank allmählich hinter uns eine lange, hohe gelbe Staubfahne. Eintönig verging Stunde auf Stunde. Eine Teefarm grüßte von entferntem Hochland. Ein breiter Trockenbach, steile ausgewaschene Ufer, Gräben, Löcher und schließlich ein Maisfeld, das Farmgelände.

Erleichterung, Aufatmen, Gespräch. Nur noch 1 800 Meter an Höhe zu gewinnen. Dort oben lag die Pflanzung. Ein schmaler Feldweg schlängelte sich durch das hohe Maisdickicht. Die Scheinwerfer vergoldeten die Frucht und erhoben sie zu einem Dom und entsprechender Stimmung. Plötzlich querte ein Leopard den Weg, ganz Würde, und schenkte uns keine Beachtung.

Immer steiler wurde der Weg. Dunkle Kaffeesträucher und hohe Bäume meldeten die Farm an. Gebäude traten aus der Finsternis, aus der ein vielstimmiges „Jambo bwana“ erscholl. Willkommen Herr! Grüß Gott! Nur weiße Zahnreihen hoben sich vom düsteren Grund. Ein mächtiges Herrenhaus umgeben von Wirtschaftsgebäuden. Wir waren am Ziel.

Nach durchschlafener Nacht gab sich die Welt wieder schön. Tief unten braute der Weizen, blich der Mais. Weitweg dahinter glutete die flimmernde Savanne. Rings um das Haus Kaffee mit weißen Blüten und roten Kirschen. Kleine Gräben eines gut durchdachten Kanalsystems berieselten die sauerkirsch-ähnlichen Kaffeebüsche. Gespeist wurden sie von einem Bergbach der Ngorongorowälder, die an den Kaffee grenzten.

Riesige Urwaldbäume im 20-Meter-Verband beschatteten die Pflanzung. Saftiges Gras unter den Büschen lockte das Wild aus dem Busch. Elefanten rodeten, Büffel zertrampelten und Sauen brachen. Busch-, Warzen-und Pinselohrschweine lösten sich in der Arbeit ab.

Seine Not hat der Farmer mit den nächtlichen Besuchern. Wehren kann er sich nur durch Abschuß, bei Elefant und Büffel ist dieser zu melden, das Fleisch kann man vom Staat kaufen.

Eine unvorstellbare Vorarbeit liegt in der Anlage so einer Plantage. Zunächst müssen die mächtigen, hartholzigen Riesenbäume gefällt und beseitigt werden. Wege in Fels und Sumpf sind zu schaffen, Kanäle und Gräben zu ziehen, der Boden zu bearbeiten und der Kaffee zu pflanzen. Arbeit ohne Ende. Ein Deutscher leistete die gewaltige Pionierarbeit, rackerte sich ab und schaffte eine blühende Pflanzung.

Nach dem ersten Weltkrieg setzte sich der Sieger ins fertige Nest, baute ein riesiges Herrenhaus mit Swimmingpool und Tennisplatz und genoß das Leben und die fertige Arbeit. Mit der Zeit fand er auch Geschmack an Alkohol und schwarzen Frauen. Was kommen mußte, kam. Seiner Frau mißfiel die Lebensart, es gab Krach und böse Auseinandersetzungen. Ja, es kam zum Duell. Sie feuerte aus dem Haus, als er mit seinem dunklen Schatten durch den Kaffee schlich, und er feuerte zurück.

Man vertrug sich und kriegte sich wieder in die Wolle, bis der letzte Schuß brach. Als der Hausboy herbeilief, stand die Lady mit rauchendem Revolver in der Schlafzimmertür, und neben dem Bett röchelte der Hausherr in seinem Blut. Sie ließ ihn sofort vergraben, um seinen Selbstmord zu vergessen. Warum auch länger warten, meinte der Boy, der Herr war tot und wurde nicht wieder lebendig.

Am kleinen Fluß im Tal unten begann die Wildnis, ein wirres Durcheinander von Steinen, Holz, dornigen Rankgewächsen und feurigen Brennesseln. Auf allen Vieren versuchten wir den Durchbruch. Der Busch hielt uns in den Klauen und wehrte sich. Auf dem Bergrücken endete die Qual, sah man endlich wieder blauen Himmel. Weiter ging es auf einem Elefantenpad, und dann zog oben im Bergwald ein Hirsch. „Unmöglich", sagte Jörg. Kurze Zeit danach sahen wir beide das Stück auf einem Freifleck im Busch: „Buschbock!"

Auf dem höchsten Punkt der Pflanzung, wo Urwald und Kaffee aneinandergrenzen, bestanden die letzten 20 Reihen nur noch aus Strunken, hatte Wild argen Schaden angerichtet. Hier war etwas zu erwarten, und deshalb bezog ich am späten Nachmittag dort Stellung, erkletterte einen Baum, so hoch, daß kein Elefant mich reichen konnte, und harrte der Dinge.

Eine Menge Raubvögel umkreiste die schattenspendenden Hochbäume und fiel zur Nachtruhe ein. Eine Hyäne greinte, jaulte, lachte – schaurig-schön. Die Sonne sank. Es war sieben Uhr. Um die gleiche Zeit in der Frühe geht sie auf, tagaus, tagein, das ganze Jahr über.

Über eine zimmergroße Blöße zog ein Buschbock. Zu kurz der Augenblick zum näheren Ansprechen, aber sein Gehörn protzte.

Am nächsten Abend hatte der Baum mich wieder. Höhnisch lachte die Hyäne, es brach und knackte im Urwald. Elefanten und Büffel? Lange danach beruhigte sich die Lage, und als es kühler wurde, schwamm ein roter Rücken im Hochgras eines lichten Fleckes. Dicke dunkle Hörner. Es mußte schnell gehen. Nur der Rücken kurz sichtbar. Nach dem Schuß rührte sich nichts. Kein Halm zitterte, abspringen sah ich auch nichts. Der Übergang vom Tag zur Nacht vollzieht sich hier sehr schnell. Runter also vom Hochsitz. In der Annahme, am rechten Platz zu sein, begann die Suche. Nichts zu sehen, zu erkennen oder zu finden. Wäre ich nicht über ihn gestolpert, hätte ich ihn auch nicht gefunden. Das dreieckige, leicht-rillige, gewundene, starke Gehörn machte mich stolz.

Recht kühl ist es um diese Zeit hier oben im Berg, ohne Feuer im Kamin ungemütlich. Bei rotem Südafrikaner spannen wir

Garn. Jörg erzählte: „Über acht Tage versuchte sich ein Gast auf einen Büffel. Es wollte und wollte nicht. Dann aber hatte er zwei vor. Den stärkeren beschoß er. Plötzlich stob eine ganze Herde davon und löste sich in einer Staubwolke auf. Ein Stück sah man später ausscheren, und an der Stelle lag Schweiß. Die Rotfährte führte zu einer Elefantengras-Insel. Heraus war sie nicht. Er mußte stecken.

Hohen Sport bringt die Jagd, wenn man den angreifenden Büffel schrotschußweit auflaufen läßt und ihm dann die Kugel zwischen die Schulterblätter hinter den wulstigen Nacken setzt. Um in diesen Genuß zu kommen, stellte er sich in den Wind, überprüfte die Büchse und ließ den Fährtensucher die Grasinsel umgehen. Mit Steinwürfen und Krach versuchte dieser, das Wild auf die Läufe zu bringen, was auch gelang. Der Kranke nahm den im Wind stehenden Jäger an. Auf 30 Schritt krümmte sich der Drückefinger. Es sagte klick, und schon hatte ihn der Büffel auf den Hörnern, stürmte mit ihm davon und schleuderte ihn in einen Dornbusch. Schwerkrank tat er sich unter ihm nieder, stöhnte und brummte. Rote Fäden rannen aus dem Äser.

Blutunterlaufene drohende Lichter ließen das Opfer nicht aus dem Blick, das – auf langen Dornen gespießt – sich vor Schmerzen krümmte. Dennoch hielt er die Büchse fest in der Hand, gewillt, aber unfähig, sie zu gebrauchen. Der Büffel versuchte hochzukommen, schüttelte den Busch, fiel zurück. Der schwarze Begleiter beobachtete von einem Baum, war nicht imstande zu helfen. J. nahm alle Kraft zusammen, hob die Büchse und gab den Fangschuß. Neun Monate hatte er dann Gelegenheit, im Krankenhaus über seinen Hochsport nachzudenken und Rippen- und Knochenbrüche auszuheilen.

In der Zwischenzeit hatte sein Nachbar für eine Million Mark Rinder verkauft. Die Radionachricht ließ aufhorchen. Eines nachts tauchten Interessenten auf, erschossen die Nachtwache, den Farmer und dessen Frau, durchsuchten Kisten und Kästen, das ganze Haus, und gingen leer aus.

Draußen schlugen jetzt die Hunde an und verbellten andauernd. „Büffel im Kaffee", rief Jörg, griff die Büchse und rannte nach draußen, um einige Schüsse abzufeuern.

„Es ist nicht empfehlenswert, den Versuch zu machen, die Wildrinder bei Nacht aus dem Kaffee zu jagen. Sobald sie den Menschen wittern, greifen sie an. Wehrlos ist man ihnen ausgeliefert!“

J. kam zurück und erzählte weiter. Schaden stiften zumeist die Halbstarken, die nicht wissen, wohin mit der Kraft, die Sträucher auf die Hörner nehmen und das, was nicht bricht, in Grund und Boden stampfen. Halbwüchsige Elefanten benehmen sich ähnlich.

In nächtlicher Frühe kommenden Tages rollten wir bergabwärts in die Savanne. Ratten und Mäuse hopsten im Scheinwerfer, hier und dort ein Dikdik, die hasengroße Antilope. Nach langer Fahrt Umrisse dunkler Schirmakazien. Morgengrauen. Sehr schnell war es lichter Tag, nahmen Kakteenhorste und vergilbertes Gebüsch Farbe an. Eine Grashütte eines Eingeborenen, auf dem Boden daneben ein schlafender Mann.

Perlhühner und Frankoline huschten durch dürres Gras. Giraffen äugten aus Kronen der Akazien. Zebras zogen durch die Gegend, und dann war da ein kleines Wäldchen, eine Oase in der Wüstenei. Mittendrin eine kleine Wiese von uralten dicken Bäumen umgeben. Der Hohlstamm des einen bot acht Leuten Platz und Schutz bei Regen. Affen und Sittiche kreischten in den Zweigen. Bunte Webervögel woben Nester, und ein Zwei-Meter-Bach durchfloß das kleine Paradies. Hielt man die Angel hinein, wurde der Wurm sofort genommen. Wie verrückt bissen die Buntbarsche. Sie schnappten den Wurm schon, wenn er noch über Wasser schwebte.

Schreiende Frauen verfolgten einen Pavian. Ein Ziegenlamm im Arm, haspelte er durch die Baumkronen und dachte nicht im Traum daran, es herzugeben. Das Gebiß des Pavians steht dem des Leoparden in nichts nach und verschafft ihm Respekt.

Die Zelte standen inzwischen für die Nacht gerichtet. Rasch noch ein Bad im schnellfließenden kühlen Bach und dann aufs Fahrzeug. Jörg und Sohn Lutz vorn, ich zwischen beiden, rücklings auf der Plattform Juma als Beobachter. Querbeet über Stock und Stein ging die Reise. Kein Wild zeigte sich. Noch stand alles im Baumschatten und suchte Kühlung vor der sengenden Hitze.

Schließlich ein Dikdikbulle, den Lutz schoß. Bulle klingt seltsam für dieses Würstchen von Antilope. Zwölf Zentimeter Hornlänge beträgt der Weltrekord.

Elefantenpads wiesen zum See. Fährte, Spur und Geläuf standen nebeneinander. Verbände von Perlhühnern wellten über den weißen Sand. In Meterhöhe strichen Pelikane über dem Wasserspiegel. Über ihnen hing eine Wolke rosafarbener Flamingos. Bei solchem Anblick konnte man nicht nur giftiger Jäger sein, andächtig mußte man die Bilder genießen.

Mit Blick auf den kräuselnden See rollten wir dahin. Dann klopfte es auf das Führerhausdach: „Antilopen!" Der Wagen hielt, und Unmengen von Tsetsefliegen stürzten sich mit scharfen Bissen, die stärker als Brennessel brannten, auf uns.

Juma hatte es eilig. Wie ein eifriger Jagdhund buchstabierte er die Fährten und hing ihnen nach. Wir brauchten nur folgen und ihn im Auge behalten. In flimmernder Luft Gazellen. Kormorane und Nilgänse am Seeufer. Juma setzte zum Endspurt an und rannte, was die Lunge hergab. Als wir bei ihm ankamen, purrten Wolken von Perlhühnern mit donnerndem Flügelschlag davon und nahmen die Antilopen mit.

Zurück zum Fahrzeug, von dem man zur Tränke ziehende Gnus beobachtete. Ein neuer Dauerlauf begann. Eine steile Lehne. Vorsichtig empor. Da standen sie. Juma steckte seinen Stock in die Erde und wies auf einen abseits stehenden Bullen. Stahldünner Gellknall, und weit hinter dem Stück staubte die Erde.

Als es sich bei einem anderen Stück wiederholte, gab ich Jörg die Büchse, der es besser zu machen glaubte. Als auch er auf mäßige Entfernung ein Kongoni fehlte, fand er sich zum Probeschuß bereit: 50-Zentimeter-Hochschuß!

Giraffen sorgten sich um ein frischgesetztes Kalb, das sich mühte, auf die Läufe zu kommen. Ein kleiner Hase mit lächerlich großen Löffeln lief mit dem Wagen um die Wette. Und jetzt ein Tommi-Bock in einer Senke. Hinter einem kleinen Dornbusch sprang ich vom Wagen und ging in Anschlag. Der Bock äugte dem Wagen nach. Deutlicher Kugelschlag. Er lag. Die Büchse schoß. Man fühlte sich sicher.

Gnubulle.

Auf einer Felspartie schliefen Nilgänse. Kormorane trockneten die Flügel. Schneeweiß vom Geschmeiß die Steinplatte.

Wieder blaue Wellen. Man tippte mir auf die Schulter und reichte die Kleinkalibrige. Als zum dritten Mal der Zufall zwei Perlhühner kippen ließ, hielt Juma mich für einen Meisterschützen. Nach Vätersitte schnitt er ihnen gleich die Köpfe ab und legte sie zu den anderen.

Ein stocksteifer Sekretär plagte sich im Gelbgras mit dem Kröpfen einer sich windenden Schlange. Man schießt ihn nicht, weil er Schlangen verspeist. Man tötet aber auch keine Schlange, weil sie unter Ratten und Mäusen aufräumt.

„Kongonis!" Juma sprang vom Wagen und flitzte los, wir ihm nach. Schon einer der nächsten Dornbüsche drückte mir einen fingerlangen Stachel in den Unterarm. Ein Stück brach ab, der Rest blieb in der Hitze des Gefechts hängen und brachte sich nach Tagen durch eine heftige Entzündung in Erinnerung.

Plötzlich drei Eingeborene mit Jagdspießen vor uns. Mitten in der Wildnis. Gleißende Messingringe an Arm und Bein. Zur Vermeidung eines Palavers bekam jeder eine Zigarre. Unser Fahrzeug rollte an und nahm uns auf. An einer Naßstelle zwei blaue Wüstenfüchse jungen Semesters mit übergroßen Gehören. Auf 20 Schritt blinzelten sie uns ungeniert an.

Und dann grellte in der Nachmittagssonne vorn die rote Decke eines Wildes, das sich nicht rührte, obwohl wir direkt darauf zu klapperten. Erst als wir dicht vor ihm hielten, nahm es sich auf und stürmte davon. Raus aus dem Fahrzeug und schießen war eins. In voller Flucht ging es über Kopf.

Was dann im Sande vor uns lag, war ein Gerippe, nur Haut und Knochen. Man tippte auf Schlafkrankheit und ließ das Kongoni liegen. „Heute Nacht werden es die Löwen fressen, und morgen kann niemand mehr sagen, was hier vorging."

Breite Wechsel zogen sich über den Sand zu Schilf und Wasser. Pelikane glitten über den See. Auf versteinerten Baumstämmen hockten Nilgänse. Weiße Reiher stelzten um einen im Sand bleichenden Gnuschädel, und ein Gewölk rosaroter Flamingos kreiste am seidigblauen Himmel.

„Vorn Sauen", rief Juma. Scharf hoben sich die dunklen Körper vom hellen Grund, und Jörg ging sie an. Hinter Büschen und kleinen Hügeln verschwand er. Weitweg Gnus, Antilopen und eine einzelne Gazelle. Blaue Wellen von Perlhühnern näherten sich dem Wasser. Noch bei Helligkeit muß jeder den Durst gestillt haben. Die Nacht gehört dem Raubwild.

Baum, Strauch, Gras und Kräuter sprießen und grünen nach einer Regenperiode, und das Wild vermehrt sich. Bleibt der Regen aus, verhungern die Jungvögel. Das Schalenwild wird gezwungen, weiterzuziehen in eine Gegend, in der Regenwasser der Vegetation half.

Beim Durchfahren der Serengeti sahen wir kaum Schalenwild, selten einen Strauß und eine Großtrappe. 100 Kilometer weiter wimmelte es von Großwild, da es dort geregnet hatte.

Jörgs Schuß brach, und in einer Staubwolke sahen wir eine Sau über einen Hügel flüchten. Als wir bei ihm ankamen, hatte der Schütze seinen Keiler schon versorgt und strahlte vor Freude.

Mit dem Stück an Bord zockelten wir weiter, hatten unsere Not mit Malsand und Schlammlöchern und nahmen Kurs auf einen unübersehbaren Sumpf. An einer in der Abendsonne rotglühenden Felspartie beschäftigten uns Gänse oben in dem Steinmassiv, und dann klopfte Juma: „Gnus im Sumpf!"

Dunkle Körper schoben und zogen unruhig im Schilfmeer. Jörg sprang vom Wagen und riß mich mit. Er hatte es sehr eilig, und wir rannten so schnell wir konnten in Richtung Herde. Der Wagen fuhr weiter, um von uns abzulenken. Jörg bahnte den Weg durch Elefantengras und Schilf, so daß ich leicht folgen konnte.

Teichähnliche Gebilde, Gräben und Schlammlöcher lösten einander ab. Man mußte die Augen offenhalten, um vor allem nicht die Richtung zu verlieren. Rundum Gras und Schilf, kein Haus zur Orientierung, kein Stein, kein markanter Strauch.

Schließlich wurde der Boden fester, breitete sich eine grüne Sandplatte vor uns aus, an deren hinterstem Ende eine starke Gnuherde. Zum Schuß viel zu weit. Wie rankommen?

Jörg löste das Problem. Tief gebückt sollte ich, eine Hand in seinem Gürtel, folgen. Dann bewegten wir uns halbrechts am Wild vorbei, bogen dann halblinks ab, wiederholten den Vorgang mehrmals und täuschten so das uns beobachtende Wild.

Zunächst sah ich noch Wasser und Gras am Boden. Als aber das Blut in den Kopf schoß, schwamm alles vor Augen, und ich sah nichts mehr. Jörg stockte. Tiefes Wasser vor uns. Es ging nicht mehr weiter. „Schießen!" sagte er.

Ja, worauf denn. Ich richtete mich auf und sah nichts. Alles schwarz vor den Augen. „Beeilung!" Allmählich wurde der Kopf klar, begriffen die Augen. Vorn schob die Herde, eine dunkle Masse. Die Büchse am Kopf, fiel letztes Licht in die Optik. Jörg deckte es mit dem Hut ab. Unruhe kam in die Herde, sie zog ab. „Den Bullen ganz rechts!" – Feuer.

Alles galloppierte durcheinander. Erde flog, Wasser spritzte, mit steil aufgestellten Wedeln brauste die Gesellschaft davon. Ein Stück preschte plötzlich quer durch den Verband, steilte mit den

Tommi-Bock.

Vorderläufen in der Luft herum und brach zusammen. Langsam sank die Staubwolke. An einer Stelle aber schlegelte ein Gnu. Nach Umgehung der Wasserfläche standen wir bei ihm. Seine Lichter, bereits gebrochen, opalisierten. Die Sickerwunde des Todes war versiecht. Letzte Sonnenstrahlen schrägten Gold in Mähne und Decke. Kupfern glühte der schwarzgehörnte Bulle. Die schwarzen Wuchthörner blitzten. Die Sonne sank, und schnell begann es zu dunkeln. Zeit zum Bewundern gab es nicht.

Das Fahrzeug wurde herangewunken und kam durch Schilf und Hochgras, Sumpf und Wasser bis zu uns heran. Wie das Gefährt durch den Sumpf kam, wird mir ein Rätsel bleiben. Ohne aufzubrechen, zerteilte Juma das Stück und warf die Stücke auf den Wagen. Wir halfen dabei.

Es dämmerte, Eile war geboten. Lutz ging voran, Juma folgte ihm mit dem Wagen auf den Fuß. Wie wollten sie hier herauskommen? Durch Sumpf und Morast, Bäche und Hochschilf wühlte das Fahrzeug. Langsam, aber sicher kam es vorwärts. Als es dunkel wurde, lag die Arbeit hinter uns, waren wir froh und beglückt.

Im Lager hievten wir wieder das Fleisch in die Bäume. Affen kreischten, Hyänen heulten. Wir aalten uns in den kühlen Fluten des brusttiefen Baches. Ein Heer von Sternen blinkte am samtdunklen Himmel. Fische sprangen, und in der Savanne grollte ein Löwe. Bei rotem Wein durchlebten wir noch einmal das Tagesgeschehen. Stimmungen und Nachstimmungen, hell und düster wie alle Erkenntnis nach Freveln der Freude.

Vor Jahren weilte ein Gast bei Jörg, der wochenlang einem Elefanten nachlief und sich vergeblich mühte. Lutz führte ihn. Es kam der Tag, an dem die Herzen höherschlugen beim Anblick eines guten Bullen inmitten einer Herde von Kühen und Kälbern. Unter gutem Wind nahm man die Pirsch auf, kam näher und näher, und als beide auf 200 Schritt heranwaren, verließ den Gast der Mut. Keinen Schritt wollte er weiter.

Sollte alle Mühe umsonst gewesen sein? Lutz beobachtete das Wild, als es neben ihm knallte. Hatte der Mann den Verstand verloren? Der Bulle zeichnete, und die Herde trompetete und raste wild durcheinander, suchte den Verursacher. Höchste Alarmstufe!

Man kann solch einen Fall mit einem Kraftwort beenden, muß aber seiner Pflicht genügen und die drohende Gefahr beseitigen, Sache des Jagdführers. Der Schütze aber hatte das Weite gesucht und die schwere Büchse mitgenommen. Schnell ihm nach und die Waffe an sich reißen, um das Drama zu beenden.

Als er fast das Ziel erreicht hatte, vor dem tobenden Riesen zitterte, pfiffen ihm Kugeln um die Ohren, hatte der Mann mit 7 · 64 von neuem geschossen.

Die Herde kochte vor Wut und suchte windnehmend den Boden ab. Lutz in Lebensgefahr. Weit weg und in Sicherheit der Schütze. Es gelang, den tödlichen Schuß anzubringen. Das Wild brach zusammen. Kühe mühten sich, den Bullen wieder auf die Säulen zu bringen. Er rutschte aber immer wieder von den langen Zähnen, war nicht zu halten. Als alles unnütz schien, gaben die Tiere auf, umstanden den Gestreckten und hielten Totenwacht. Nach Stunden der Trauer nahmen sie Abschied, berührte jeder Rüssel das Herdenmitglied. Danach verschwanden sie in der Savanne.

„Elefanten sind besondere Tiere", sagte Jörg, „ihr Benehmen ähnelt dem unsrigen." Vor zwei Jahren war's, als seine Safari abmarschbereit stand, der Jagdführer in letzter Minute durch Funk Auftrag erhielt, sofort zur Farm X zu fahren und Elefanten abzuschießen. Ob der Freund mitwollte? Und ob er wollte.

Am Abend empfing sie der Farmer. Alle Mannen ließen sich nicht im Haus unterbringen, worüber Jörg und sein Freund nicht böse waren. Sie wollten Wildnis erleben und im Zelt übernachten. Ehrlich müde, ging man zeitig schlafen. Sehr früh mußte man wieder hoch.

Um Mitternacht Trompetenstöße. „Hörst du sie?" Aufregende Minuten. Beide freuten sich auf das bevorstehende große Erlebnis. Immer näher kamen die Trompeter. Äste knackten, Bäume splitterten. Als man die Mägen kullern hörte, wurde es bedenklich und unheimlich. Kalter Schweiß trat den Jägern aus den Poren. Bleich vor Angst, zitterten sie und beteten. Ein Entweichen gab es nicht, hier mußte ausgehalten werden. Es konnte sich nur noch um Sekunden handeln, bis eine Säule Zelt und Insassen zu Brei trat. Die Nerven drohten zu zerreißen.

Vor Tau und Tag wurde es ruhiger, entfernte sich der Tumult. Man beruhigte sich allmählich, kam zu sich und wagte einen Blick aus dem Zelt. Überall Verwüstung, aber kein Elefant. Sie schlichen zum Farmhaus und wurden mit großer Erleichterung empfangen. Diverse Cognacs stellten das Gleichgewicht wieder her, und nach dem Tee nahm man die Fährten auf.

„Ein breiter Trampelpfad führte zum Getreide. Kein Halm stand mehr. Was nicht abgeäst, war zertreten. In den Busch führten die Fährten. Nach einer Stunde ein Tal. Am oberen Rand ein Elefant. Noch einer, zwei, eine Herde und über dieser eine andere.

‚Hatari!' schrie ein Schwarzer, als ein Klotz von Büffel auf uns zustürmte, Holz brach und Äste splitterten. Eine Herde hatten wir bald vor uns. Dann forderte der guide zum Sprung. Sprengen nannte er es, die Elefanten überraschen. Wir mitten hinein in den Pulk. Grell schmetterten die Trompeten, unter den Säulen riesiger Tiere versank der Wald. Höllengetöse. Auf den nachgeahmten Elefantenschrei des guides stürmte eine Kuh auf uns los und verhoffte. ‚Schieß ins Geäse!' rief er, und der Schuß brach. Sie zog sich zurück und erschien kurz darauf beim Nachbarn, der sie streckte.

War das eine Aufregung! Dann kam der guide und forderte mich auf, meiner Kuh, die auf der Hinterhand im Busch hockte, den Fangschuß zu geben.

Ihr Blick war der eines Menschen, traurig, herzzerreißend. Mensch, Mörder! Warum mußtest du mich töten? Langsam senkte sich das schwere Haupt, ohne mich aus den Augen zu lassen. Den Blick werde ich mein Leben lang nicht vergessen. Sie erschauerte und verendete. Elefanten sind hochstehende Tiere. Sie haben mehr mit dem Menschen gemeinsam, als wir glauben."

Ein Erlebnis seines Sohnes folgte. Von einer schattigen Schirmakazie aus beobachtete er Elefanten, die sich um einen grauen Klumpen gruppierten, den er durch das Fernglas als einen toten Artgenossen erkannte. Wohl über eine Stunde umstand die Herde gesenkten Hauptes den Verblichenen. Dann trat ein Stück vor, legte seinen Rüssel auf den Kopf des Toten und nahm Abschied. Andere taten es ihm nach. Zum Schluß ergriffen Mütter die Rüssel ihrer Kinder und ließen sie dem Beispiel der Großen folgen. Hängenden Hauptes zogen nach der Zeremonie die Tiere langsamen Schrittes davon und verloren sich in der Savanne.

Später erzählte mir Rolf Trappe, dem tausende von Elefanten begegneten: An einem späten Nachmittag gewahrte er an einem abgelegenen See einen Elefanten, der still vor sich hindämmerte. Ein Zittern durchfuhr des öfteren den mächtigen Körper. Über Stunden ging das so. Gegen Abend näherten sich 30 Artgenossen und hielten Zwiesprache mit dem Alten, dessen Haupt von Stunde zu Stunde tiefer sank. Still umstanden sie ihn. Schließlich trat einer aus der Runde, streichelte die Stirn des Alten, verhielt kurz und setzte sich ab. Der Rest folgte seinem Beispiel. Dann schritt die Gesellschaft langsam davon. Minuten später sank der graue Riese zusammen. Jeder machte sich Gedanken und schwieg.

Die Rast ging zu Ende, neue Taten harrten unser. Rot und glatt nahte eine Wachtelin mit ihrem Nachwuchs aus dem Dornbusch. Frankoline strichen, Perlhühner rannten, und dann klopfte

Juma auf das Führerhaus. „Impala!“ Ein Dauerlauf durch Staub und Hitze nahm seinen Anfang. Mit Superaugen folgte er den Fährten und hielt sie wie ein Schweißhund. Er schien sie auch zu wittern. Oder war es Instinkt, der ihn anwies?

Verlor er die Fährte, schlug er einen Bogen und lag wieder richtig. Schweiß perlte, die Zunge klebte, wir taumelten dem „Spürhund“ nach. Um die Stimmung aufzuheizen, ließ er uns mitunter auflaufen, sorgte für Zuversicht.

Zebras zur Linken, rechts Giraffen und weit vorn Impalas. Ganz gemütlich zogen sie durch die Büsche, und trotzdem konnten wir nicht Schritt halten, waren am Ende unserer Kraft, verspürten keine Lust mehr und gaben auf.

Dunkelheit herrschte, als wir das Lager anfuhren. Während wir den quälenden Durst stillten, uns vollsaugten, marschierten Paviane und Meerkatzen durch die Baumkronen. Tänzelnd folgten ihre Kleinkinder. Ausgefahrene Straßen schienen sie dort oben zu haben. Jeder trat auf den gleichen Zweig, hangelte am Ast des Vorgängers, kletterte am selben Stamm aufwärts.

Grell schrie ein ins Wasser gefallenes Affenkind, dem die Mutter augenblicklich zu Hilfe kam. Ein Altvater brummte, und Halbstarke trieben Unfug. Als Hyänen greinten, verschwieg das Affenvolk. Leises Raunen der Baumkronen. Sternblink am Himmel. Man legte sich zum Schlaf. Um Mitternacht rumorten Flußpferde in unserem Bad. Empört und aufgeregt spektakelten die Affenfamilien.

Bei letztem Sterngefunkel saßen wir am folgenden Morgen weit draußen an einem See. Frühnebel über Sumpf und Papyrusdickicht. Erschauernder Morgen. Über uns saß auf hohem Fels Lutz und beobachtete das Geschehen und das in den Sumpf zurückwechselnde Wild. Büffel sollten dort ihren Einstand haben.

Unter dem schroffen Stein spiegelte sich im Schwarzwasser das Gestirn, wellte das nasse Element, zog ein mächtiger Fisch. Sanft wedelten die Palmen, erste Vögel flöteten. Schnell wurde es Tag. Eine weite Freifläche trennte uns vom unübersehbaren Papyrusdickicht. Ein goldener Morgen voller Süße und Spannung.

Steine klapperten. Lutz glitt vom Fels, „Büffel am Sumpf!“ Während die Mannschaft zurückblieb, ging Jörg mit mir den

Sumpf an. Das Überwinden der Fläche löste J. wieder auf seine Art. Gebückt schleppte er mich, in seinem Gürtel hängend, schräg in Richtung am Wild vorbei, wechselte mehrmals den Kurs und brachte uns so dem Ziel näher.

Die Büffel ließen uns nicht aus den Augen und beobachteten scharf. Naß der Lehmboden unter uns, oftmals Wasser mit Untiefen. Jeder Tritt schnarchte, suppte, troff.

Zickzack rechts, zickzack links. Ganz langsam näherten wir uns der Herde. Kühe glotzten, Kälber sprangen. Starr und ungerührt äugten die Bullen.

Das Kreuz schmerzte, der Schädel brummte, aber Jörg behielt mich unten, zischte nur: „Einen Moment noch". Der braune Boden und das grüne Gras vermischte sich unter mir zu einer einzigen Masse. Die Augen nahmen keine Einzelheit mehr wahr. Bald würde ich nicht mehr können, zusammenbrechen.

Plötzlich stoppte Jörg. Tiefes Wasser. Er überlegte, und ich richtete mich hinter ihm auf, reckte die Glieder und nahm die schwere Elefantenbüchse in die Hand. Beide Bullen warfen auf, senkten und hoben die Häupter, stampften den Boden „Sie kommen! Schiessen!" Zum Hochsport wollte ich es nicht kommen lassen und schoß, als der eine schräg beidrehte.

Ein Staubwölkchen wirbelte hinter seinem Blatt auf. Er drehte bei in Richtung Papyrus. Einige Sprünge, und er brach zusammen. Jörg hatte auch geschossen. Ich hatte zwar seinen Schuß gehört, aber nichts gesehen. Mich beschäftigte mein Bulle, der versuchte, wieder auf die Läufe zu kommen, als ich mich ihm näherte. Ein Fangschuß auf den Träger beendete das Geschehen.

Jörg folgte der Schweißfährte seines Büffels und verhielt am Rande des Dickichts, in dem die Herde planschte, brach und brummte. Trotz Warnung drang er in den Dschungel.

Inzwischen traf die Mannschaft ein, die aus der Ferne zugesehen hatte. Lutz, der sich um seinen Vater sorgte, nahm meine Büchse und folgte ihm. Wir blieben mit unseren Gedanken zurück. Wenn das nur gut geht! J. schoß das Kaliber 8 x 86 S mit doch wohl zu geringer Energie für solch Kolosse.

Wir umstanden meinen Büffel und unterhielten uns, als Rufe aus dem Dickicht herüberklangen. Beide hatten die Richtung ver-

Mein Büffel. Zum Hochsport wollte ich es nicht kommen lassen und schoß.

loren und suchten den Ausgang. Der Büffel war nicht mehr weit gekommen und in der Fährte verendet.

Während sich die Mannschaft augenblicklich an die Zerlegung von Jörgs Büffel machte, hielt ich dem meinigen Totenwacht und ließ die letzte halbe Stunde nochmal Revue passieren, kostete das Glück der Stunde aus und war mit mir und der Welt zufrieden. Meterlange Hörner! Weite Auslage! Guter Kugelsitz!

Leis' wogte der Papyrus. Tau sprühte. Silbern gleiste der See. Ein Wasserbock mit zwei Tieren zog am Ufer. Pelikane strichen, Perlhühner riefen, und in den hohen Palmen kreischten Affen.

Eine Gruppe Eingeborener, von einem Läufer zusammengetrommelt, erschien zum Abtransport der Fleischmenge und verschwand im Papyrus. Als Männer aus dem Sumpf mit einer Fleischlast auf Stangen kamen, bis in die Knie versackten, ging Jörg mit mir zurück zum Palmenhain, um auszuruhen.

Noch einmal durchlebten wir die Jagd, sahen die Büffel kommen, schossen und empfanden wiederum ein ungutes Gefühl bei dem Gedanken an die gefährliche Nachsuche.

Reiher und Störche wateten im seichten Wasser, und über dem Sumpf kreisten Geier. „Sehr schön ist das Land hier, sonnig und warm. Wie ist es Weihnachten? Was macht ihr da? Es fehlt doch der Zauber des Schnees und des Tannenbaums!" – „Das Fest ist hier ein Tag wie jeder andere. Während ihr euch drüben um Geschenke sorgt, nicht wißt, was man noch geben könnte, holt meine Frau ein paar harzduftende Zypressenzweige, verziert sie mit bunten Strohblumen, hängt selbstgebackene Plätzchen auf und garniert den Tisch mit Apfelsinen, Papyas und anderen Früchten. Fertig ist die Weihnachtstafel.

Um Abstand von der Betriebsamkeit des Alltags zu bekommen, gibt man sich an den Feiertagen der Besinnlichkeit hin. Unser Fest ist kein Tag des Prestiges der von der Zivilisation geplagten Kreatur, des Geschäftserfolges um jeden Preis, der Plage um Kleidung und Ansehen. Nein, hier darf man noch Mensch sein und sich allein mit der Natur und seinen Mitmenschen beschäftigen.

Kein Gabentisch, kein Glockengeläut verkündet das Christfest, und doch ist Weihnachten – mehr im Herzen allerdings. Zusehen und zuhören, wie einfache Menschen in gläubiger Weise feierlich singen, war und ist immer ein eindrucksvolles Erlebnis. Gern hätten wir den schwarzen Familien eine Bescherung deutscher Art gegönnt, aber damit wäre der Anfang von dem gemacht, was man daheim Weihnachtsrummel nennt; das wollten wir verhindern.

Ein Bulle wird zum Fest geschlachtet und mit einem Weihnachtsbraten jedem eine Freude gemacht. Noch größer ist diese, wenn anstelle des Bullen ein Büffelbraten auf den Tisch kommt, der herzhafter schmeckt und größer ausfällt.

Im Vorjahr hatten wir Glück damit. Zwar bereiteten Gewitter und Regengüsse Sorge, weil dann Land und Wege aufgeweicht und unbefahrbar sind. Zwei Tage vor Weihnachten jedoch schloß der Himmel seine Schleusen, und wir versuchten unser Heil.

Einige Frankoline und Perlhühner hatten wir schon, als wir auf frische Fährten stießen, denen wir folgten. Meine Frau ließen wir im Schatten eines Affenbrotbaumes zurück. Büffeljagd ist strapaziös und Männersache. Impala und Dikdik, Kongoni und Tomys ließen wir in Ruhe. Bald aber stießen wir auf Elenfährten, die über denen von Büffeln standen.

Wir blieben dran. Zebras und Giraffen übersahen uns. Ein Wild hat bald heraus, ob es bejagt wird oder nicht. Vom Himmel knallte die Sonne und ermüdete. Sie erzwang eine Ruhepause. Zu groß schien der Vorsprung des Wildes, es galt zu überlegen.

Kalter Braten und heißer Tee erfrischten, und nach der Rast erwachten die Jagdgeister wieder. Der schwarze Fährtenleser wollte weiter. Passion trieb ihn, er wollte es unten im Tal bei Busch und Baum versuchen. Durch wildes Gelände wühlte der Landrover über Naßlehm, Täler und Höhen. Acht Augen durchsuchten Hügel und Falten, Hochgras und Dürrschilf. Nichts.

Fernweg Zeichen meiner Frau. Zwei Büffel hatte sie ausgemacht, deren Standpunkt sie anzeigte. Zwei dunkle Punkte am Buschrand eines kleinen Seitentales. Wir rollten es an und gelangten ungeschoren ans Ziel der Wünsche. Zu Fuß führte die Pirsch weiter, hörten wir dumpfen Hufschlag abgehenden Wildes und wendeten.

Nun war der Fährtenleser an der Reihe. Gleich vorn die Fährte eines Einzelgängers. Besser konnten wir es nicht antreffen. Gespannt folgten wir in das Buschwerk und drangen langsam und so geräuscharm wie möglich vor. Dann vermischten sich die Fährten mit anderen.

Wir verhielten und überlegten, als es in der Nähe rauschte und krachte. ‚Sie brechen aus!' So schnell die Beine uns trugen, stürmten wir vor, um dem Wild den Weg abzuschneiden. Dann hatte ich einen passenden Bullen vor und schoß. Meiner Kugel war ich sicher.

Leben kam in den Busch. In alle Richtungen stürmten Büffel. Als Ruhe eintrat, gingen wir den Fährten nach und fanden Schweiß. Das Hoffnungsbarometer stieg. Die Fährte verlor sich im Durcheinander anderer. Weiter ging die Sucherei durch Wirrwarr von Dornbusch und dürrem Gras. Schließlich wieder Schweiß auf einem Hügel, und dann lag der Büffel hinter ihm.

Erschöpft, aber glücklich erreichten wir in später Nacht die

Farm, und zum Weihnachtsfest bekam jeder einen saftigen Braten vom wilden Büffel.

Im Vorjahr wußten wir einen guten Bullen in einem nur eine Stunde entfernten Gebiet. Wir hatten ihn schon einige Male an einer Felswand gesehen, allerdings nur aus der Ferne. Wegen einsetzenden Regens mußte die Jagd um einen Tag verschoben werden. Dann aber ging es bei Dunkelheit über altbekannte Savannenwege zum Ansitzplatz, an dem ein scharfer, kalter Wind wehte. Da wir jämmerlich froren hielten wir es nicht allzulange aus und beschlossen schließlich eine Pirsch aufs Geratewohl in den vor uns liegenden Talkessel.

Frische Fährten überall, aber keine passenden. Allmählich wurde es langweilig. Dann erinnerte sich mein Sohn an die Einladung eines dänischen Professors, der seit drei Jahren unter Pygmäen dieser Gegend lebt und Studien treibt. Nach stundenlangem Suchen fanden wir den Stamm, der in paradiesischer Einfachheit ausschließlich von der Jagd lebt.

In kleinen Gruppen oder Familien durchziehen diese kleinen Menschen ihre Jagdgründe, halten sich im allgemeinen drei Tage in einer Gegend auf, jagen sie ab und ziehen dann weiter in ein anderes Revier.

Primitive Grashütten dienen als Unterkunft. Der Stammälteste genießt Respekt. Er kann eine Ehe schließen und trennen. Zur Scheidung kommt es fast immer dann, wenn der Mann ein schlechter Jäger ist und nicht genügend Fleisch für seine Familie herbeischafft. Vielweiberei ist ihnen unbekannt.

Zur Abwehr von Löwen und Hyänen brennen nachts Feuer vor den Hütten, und einer wacht immer. Durchgehenden Schlaf kennen sie nicht. Gleichzeitig mit dem Laufen lernen die Kinder das Bogenschießen, und schon sechsjährig tragen sie mit der Erbeutung von Lachtauben zur Ernährung bei.

Frauen und Mädchen leisten liebevolle Kinderdienste, kümmern sich um die Familie und bereiten Mahlzeiten. Die Jagd ist Sache der Männer wie auch das Herstellen von Pfeil und Bogen. Aus Hartholzzweigen werden die Pfeile gefertigt, durch Feuer gezogen und mit den Zähnen so bearbeitet, daß sie eisenhart werden. Nägel versteht man derart zu klopfen und zu biegen, daß

Pfeilspitzen daraus werden – nadelspitz und messerscharf.

Eine Wissenschaft für sich stellt die Giftmischerei dar. Nur Alte verstehen sie aus Kakteen, Wurzeln und bestimmten Pflanzen herzustellen. Das Zeug schmiert man kurz vor der Jagd an die Spitzen von Speer und Pfeil. Es garantiert einen schnellen Tod.

Nach Erledigung einiger Zeremonien griffen zwei Männer Pfeil und Bogen, hingen sich den aufmunitionierten Köcher um und gaben das Zeichen zum Aufbruch. Wir folgten. Wie flotte Jagdhunde revierten sie vor uns her, untersuchten Fährten und Spuren, tuschelten, arbeiteten weiter.

So ging das stundenlang. Kein Wild zeigte sich. Dann aber stutzten sie plötzlich, griffen sich an die Nase, steilten die Ohren und wiesen ins Gebüsch. Als wir heran waren, wurden sie immer aufgeregter. Wir sahen und hörten nichts. Schließlich nahm Lutz einen Stein und warf ihn in die verdächtige Richtung.

Im Nu war der Teufel los, brach und krachte der Busch. Eine ganze Herde stürmte los, und schon schnüffelten die kleinen Geister am Anschuß und hefteten sich an die Schweißfährte. An einem Baumstamm stutzten sie, horchten und wiesen aufgeregt ins Gebüsch. Ein Bulle machte dort sein Testament. Eine Kugel beendete sein Stöhnen und Röcheln.

Wie toll umtanzten die kleinen Jäger den Büffel, um ihrem Gott jauchzend Dank zu erweisen. Wie Ameisen machten sie sich über das Wild her, säbelten hier, schnitten dort und stopften sich zwischendurch Stücke dampfenden Fleisches in den Mund. Ihr Lachen und Schnattern begleitete den Transport bis zum Lager, wo sie von der Familie mit Freuden empfangen wurden. Fleisch hatte man nun in Hülle und Fülle, um sich den Bauch mal wieder richtig vollschlagen zu können.

Es war nun Aufgabe des Ältesten, die Beute richtig zu verteilen. Nicht leicht, jedem gerecht zu werden. Nach altem Brauch werden gewisse Teile nur von Männern und andere nur von Frauen gegessen. Die Friedenspfeife, eine mit beißendem Knaster geladene Steinröhre, war mit Lungenzügen zu rauchen, wurde von einem zum anderen gereicht und durfte erst beim rituellen Husten weitergegeben werden.

Gesangtänze beschloßen das Sättigungsvergnügen. Vom Geruch angezogen, würden bald einige Urwaldnachbarn auftauchen und über Nacht den ganzen Büffel verschlingen, sagte der Professor.

Unser Lastwagen kam angeschlingert. Bis an die Ladefläche hing er im Morast und quälte sich. Der Motor heulte, Schlamm und Wasser spritzten, und die Eingeborenen schrien vor Freude. Bald aber stand er wieder auf festem Boden. Wir stiegen zu, und dann rauschten wir ab.

Das Palaver hinter uns, das Geschnattere, Lachen und Scherzen riß nicht ab. Alle winkten. Sie waren glücklich und zufrieden. Schlaglöcher und Steine säumten den Heimweg. Alle Glieder schmerzten, und wir waren froh, als wir am Ziel eintrafen.

Nach Stillen des Durstes suchte jeder im Bach Erfrischung. Juma pulte Würmer aus dem Schlamm und machte eine Angel klar, mit der ich mich versuchen sollte. Kaum durchbrach der Wurm den Wasserspiegel, hatte ihn schon ein Buntbarsch.

Wie besessen bissen die Fische, und schnell war der Vorrat dahin. So gierig nahmen sie den Köder, daß man die Lust am Angeln verlor. Hesekiel, ein erfahrener Angler, beschäftigte sich mit einer Setzangel für die Nacht. Fleischstücke ziemlicher Größe bereitete er vor, um sie dem Wels zu bieten. Er war sicher, daß er am nächsten Morgen einen am Haken haben würde.

Hyänen greinten beim Eindunkeln. Affen tanzten in den Baumkronen, und als die Geier sich eingeschwungen hatten, wurde es Nacht. Kleine Feuer flackerten unter den Baumriesen. In Decken gerollt lagen die Eingeborenen. In der weiten Savanne rief das Wildgetier, und über allem gleiste das jungfräuliche Mondschwert.

Um Mitternacht weckten uns Flußpferde. In unserem kleinen Bad tobten und spektakelten sie, als gehöre das Wasser ihnen allein. Das aufgemüdete Affenvolk schimpfte und schrie, ein brüllender Löwe näherte sich, und dahin war die Nachtruhe.

Man döste noch einige Stunden vor sich hin und war froh, als ein schwarzer Schatten sein „Jambo bwana!“ ins Zelt hauchte. Hesekiel kämpfte draußen mit einem Gewaltbrocken von Wels. Stolz präsentierte er ihn uns am Zelt.

Noch während des Frühstücks wurden die Zelte abgebrochen, alles Fleisch verladen und der Lagerplatz gereinigt. Als jedes Papierschnitzelchen und das kleinste Stück Abfall aufgelesen und verstaut war, traten wir den Rückzug an.

An weit auseinanderliegenden Einzelhütten grienten breit und verlegen ihre Besitzer. Jörg schenkte jedem ein Stück Fleisch, das mit leuchtenden Augen empfangen wurde. Stunden später landeten wir auf dem Farmhof, begeistert empfangen vom Stammpersonal.

Ein Teil der Leute machte sich gleich daran, Fleisch in Streifen zu schneiden, um es an der Luft zu trocknen, das dann nach wenigen Tagen zu Biltong wird – Trockenfleisch, das unendlich haltbar ist. Jede Familie erhielt einen Haufen Fleisch, schön sauber auf dem Rasen ausgelegt, und mir blieb die Arbeit des Abkochens und Säuberns der Trophäen.

Zwei Tage danach mußte Jörg nach Nairobi. Unten am Rand der Savanne mähte Lutz Weizen. Wolken körnersuchender bunter Vögel hingen in der Luft. Auf der Terrasse des Herrenhauses bleichten meine Trophäen. Der Hammerkopf auf dem Rand des Swimmingpools versuchte immer wieder den Skorpion im Wasser zu fangen. Die Webervögel auf der Veranda flochten Nest bei Nest und fütterten Junge.

Langeweile kam auf, die mir im allgemeinen unbekannt ist, und ich beschloß deshalb, einen Erkundungsgang ins Ngorongorogebiet. Mit einem handfesten und scharfen Dolch zog ich los. Die große gelbe Dogge folgte. Sie hatte mich in ihr Herz geschlossen und war immer bei mir.

Durch die Kaffeepflanzung führte der Weg bergwärts. Schwarze Pflückerinnen summten melodische Lieder. Grell schien wie immer die Sonne. Tief unten in der Savanne flimmerte die Hitze. Am Ende des Kaffees begann der Urwald, zogen sich breite Wechsel von Elefant und Büffel in die undurchdringliche Wildnis.

Ohne Büchse drang ich klopfenden Herzens ein, benutzte einen Großwildpad, kam langsam voran. Seltsam und bedrükkend wurde mir zu Mute. Dolch und Dogge trösteten mich zwar, konnten mich aber nicht ganz aufrichten. Ein riesiger Baum, übervoll mit lilafarbenen Blüten, ein riesiges Veilchen. Ein fasanengroßer Papagei, leuchtend blau und rot, strich pfeilschnell vorüber. Dichter Busch rundum, verwuchert und verfilzt.

Ein Altvater-Baum mit vier Meter Durchmesser. Von Elefant und Büffel zertretenes Wasserloch, an dessen Rand ein Baumriese dicht voller rosaroter Blüten. Gedrückte Stille. Nur meterweite Sicht. Und dann stand plötzlich der Hund bombenfest vor. Leopard? Löwe? Bange Sekunden. Die Hand umklammert den rasiermesserscharfen Dolch. Wem wird der Angriff gelten? Dem Hund? Mir?

Leises Rascheln, die Dogge springt vor, und große dunkle Vögel donnern hoch. Waldperlhühner, fast doppelt so stark wie die in der Savanne, grober gepunktet und mit einem großen Federschopf. Herrliche Vögel. Immer enger wurde der Wechsel, und schließlich sperrten ihn Lianen und Rankgewächse ganz. Beim Rückmarsch sah die Gegend ganz anders aus, fremd und feindlich. War ich überhaupt richtig? Natürlich, das kleine Rinnsal mußte nach oben und herausführen.

Jetzt ein Sprung über den kleinen Bach. Als ich drüben aufsetzte, gab es einen Knall wie vom Kleinkaliber und gleichzeitig einen Stich in den linken Hacken. Es schmerzte sehr, aber kein Knochen schien gebrochen.

Blut rann auch nicht. Der Schmerz aber gab sich beim Auftreten so stark, daß es nicht auszuhalten war. Auf einen stabilen Stock gestützt, humpelte ich Richtung Farm. Alle paar Meter mußte ich vor Schmerzen pausieren. Was konnte das bloß sein? Nichts zu sehen, aber bei jeder Bewegung unsagbare Schmerzen. Gegen Abend erreichte ich die Farm.

Der Hausboy empfing mich, konnte aber nicht helfen. Lutz war am Nachmittag abgereist, um seinen Vater zu suchen, der seit Tagen nichts hatte von sich hören lassen. Eine Tagesreise entfernt der nächste Weiße. Kein Telefon. Mit dem Funk verstand niemand umzugehen. Tagelang lag ich mit irrsinnigen Schmerzen bei kleinster Bewegung. An Laufen nicht zu denken, und der Tag meines Abfluges kam näher.

Die Nervosität wuchs mit jedem Tag. Jörg, vielleicht ermordet oder entführt? Lutz, wer weiß wo? Wie hier wegkommen? Sorglos fütterten die Webervögel ihre Jungen auf der Veranda. Der Hammerkopf hockte auf dem Rand des Schwimmingpools. In Baum und Strauch sangen und zwitscherten Unmengen von Vögeln. Mich quälten Schmerzen und Sorgen.

Und dann rief draußen jemand „Waidmannsheil!“ Jörg war da. „Mein Gott, wo warst du solange? Was hast du getrieben?“ Dann erzählte er, und seine blauen Augen leuchteten heller denn je:

„In Nairobi waren alle Geschäfte geschlossen. Zu Untätigkeit verdammt, rief ich meine Tochter in Südafrika an und flog anschließend zu ihr. Mit dem Auto durchfuhren wir das schöne Land. Auch besichtigten wir Straußenfarmen, die rund um ein Verwaltungsgebäude mit Schlachthof lagen. Tausend dieser großen Vögel werden hier täglich geschlachtet. Reißenden Absatz finden Federn und Fleisch. Selbst die Haut, zu Leder verarbeitet, ist sehr gefragt.

Während die Henne in freier Wildbahn nur einmal im Jahr legt, dann allerdings 20 bis 30 Eier, liefert sie in Gefangenschaft zweimal 15 bis 20 Eier. Sie werden maschinell erbrütet, und die Küken wachsen problemlos auf, während bei den Wildvögeln die Masse bei der Aufzucht eingeht.

Der mit 15 Jahren geschlechtsreife Hahn heiratet und bleibt sein Leben lang der Ehefrau verbunden. Stirbt die Henne vor dem Hahn, wird er von seinen Mitbrüdern umgebracht“ – „Schön und gut, aber einen Impala hätte ich gern noch.“ Jörgs Sohn versprach, es am kommenden Tag zu versuchen. Viel Lauferei würde es nicht geben. Es wurde Mittag, der Nachmittag kam, und immer wieder hieß es, es sei noch zu früh.

Endlich ging es los über die Savanne in die Berge. Dort aber kokelten Eingeborene, brannte Busch und Gras. Das Wild war folglich über alle Berge. Mit sinkender Sonne neigte sich auch das Stimmungsbarometer, fuhr alle Hoffnung dahin.

„Nun fahren wir noch in eine Gegend, in der mit Sicherheit Impalas stehen.“ Über Stock und Stein raste der Wagen, durch Schlaglöcher und über Geröll. Zweige schlugen uns um die Ohren. Perlhühner stoben davon, und mehrmals drohte der Landrover zu kippen. Mit jähem Ruck stand der Wagen. „Impala! Schießen!“

Das war leichter gedroht als getan. Aber allen Beinschmerzen zum Trotz stand ich neben der Maschine, rammte den Stock in den Boden und suchte nach dem Ziel im Dunklen. Den mir zugedachten Bock konnte ich im Hochgras von unten nicht sehen. Aber ganz links bot sich ein anderer an, den bald das Abkommen deckte. Es war die allerletzte Minute.

Ich schoß und blieb vom Mündungsfeuer geblendet. Vom Wagen aber rief es „Waidmannsheil!“ Der Bock lag, und ich konnte nicht zu ihm. Erst in Nairobi erfuhr ich, daß die Achillessehne gerissen war.